The Mechanism of the City Brand and
City Competitiveness

山东建筑大学 经济管理学科论著

城市品牌与
城市竞争力机制研究

马瑞华 ◎ 著

中国财经出版传媒集团

经济科学出版社
Economic Science Press

图书在版编目（CIP）数据

城市品牌与城市竞争力机制研究/马瑞华著. —北京：
经济科学出版社，2018. 12
（山东建筑大学经济管理学科论著）
ISBN 978 - 7 - 5141 - 9896 - 6

Ⅰ. ①城…　Ⅱ. ①马…　Ⅲ. ①城市管理 - 品牌战略 -
研究 - 中国②城市 - 竞争力 - 研究 - 中国　Ⅳ. ①F299. 2

中国版本图书馆 CIP 数据核字（2018）第 246174 号

责任编辑：崔新艳
责任校对：隗立娜
版式设计：齐　杰
责任印制：王世伟

城市品牌与城市竞争力机制研究
马瑞华　著
经济科学出版社出版、发行　新华书店经销
社址：北京市海淀区阜成路甲 28 号　邮编：100142
经管中心电话：010 - 88191335　发行部电话：010 - 88191522
网址：www. esp. com. cn
电子邮件：espcxy@ 126. com
天猫网店：经济科学出版社旗舰店
网址：http：//jjkxcbs. tmall. com
北京季蜂印刷有限公司印装
880 × 1230　32 开　6. 75 印张　180000 字
2018 年 12 月第 1 版　2018 年 12 月第 1 次印刷
ISBN 978 - 7 - 5141 - 9896 - 6　定价：35. 00 元
（图书出现印装问题，本社负责调换。电话：010 - 88191510）
（版权所有　侵权必究　打击盗版　举报热线：010 - 88191661
QQ：2242791300　营销中心电话：010 - 88191537
电子邮箱：dbts@ esp. com. cn）

总　序

　　山东建筑大学商学院初期为工商管理系，1999 年正式招收工商管理专业本科生。2004 年，商学院正式成立，拥有工商管理、会计学和电子商务三个本科专业，2008 年，增设市场营销和财务管理两个本科专业。作为新成立的学院，商学院全体员工齐心协力谋求发展，于 2006 年率先与澳大利亚维多利亚大学开展中外合作办学项目，先后开展了国际商务、会计学、市场营销等合作办学项目，并与英国朴茨茅斯大学、新南威尔士大学和美国波特兰州立大学等建立了合作关系，初步奠定了商学院外向型办学特色，培养了一批具有国际视野的年轻教师。2010 年成功申报工商管理一级学科硕士点，设有技术经济及管理、企业管理和会计学 3 个二级学科硕士点；2010 年成功申报工商管理硕士（MBA）办学项目，目前共有在校生约 2700 人。

　　伴随着我国研究生教育和建筑、房地产业的发展，山东建筑大学商学院经过十几年的不懈努力，已经形成了从专科生、本科生到硕士研究生的较完整的培养体系。现已形成的稳定的研究方向为：房地产经营与管理、城市品牌管理、公司治理与企业战略管理、财务管理与资产评估等。师资队伍中已经呈现出一批优秀的骨干教师，他们既具有扎实的理论基础，又具有国际化的前沿视角。他们大多具有出国留学访学经历，其研究注重前沿性和实用性相结合，服务于地方社会经济发展。我们以这些优秀骨干教师为主成立编委会，从中推选出部分研究成果以"山东建筑大学经济管理学科论著"的形式编辑出版，以期为我国商科教育和发展做出一定贡献。这些论著介绍了本学科的最新研究成果，希望以这些论著为媒介，增强各高校、科研单位及相关部门之间的交流与合作。

我国经济和企业管理学科在快速发展，其中许多理论问题需要进一步深入研究，对于本系列论著中存在的不足，恳请专家学者给予关心、指导和匡正。

山东建筑大学商学院教授、院长：胡宁

前　言

　　按照传统的区位经济学理论，城市之间根本不存在竞争。尤其是按照克里斯塔勒（Christaller. W，1933）的中心地理论的解释，城市完全可以进行自给自足的生产，对外贸易仅限于本市不能生产的产品，城市之间会形成严格的分工体系，井然有序，无须竞争。然而，这显然和事实不符。事实上，城市之间不仅争夺资源、资金、人才等生产要素，而且在全球范围内争取其消费者。在生产要素流动性日益增强的全球化趋势下，城市竞争已经成为不容回避的事实。而中国恰恰在这个时候进入了城市化进程的加速期，城市化水平 2005 年底就已经达到 43%。[①] 2017 年我国常住人口城镇化率为 58.52%，未来十几年中国城市化将迎来飞速发展。据中国科学院可持续发展战略研究组公布的《中国可持续发展战略报告》，到 21 世纪中叶，中国城市化率将提高到 75% 左右。但是，城市化增加的 17 个百分点并不会均匀地分布于各个城市，而是存在着差异。哪些城市将获得更多的发展机会并增强其竞争力？哪些城市将被其他城市排挤逐渐衰落？哪些城市会扩大规模？又有哪些城市会日渐缩小？这是中国每一个城市都面临的问题。

　　进入 20 世纪 90 年代后，面对现实中日趋激烈的城市竞争，国内外学者开始对城市竞争力问题进行研究。综观国内外城市竞争力

---

　　① 李培林. 2005—2006 中国社会形势分析与预测. 中国社会科学院社会学研究所，2006.

理论，大体上可分为三个方面：一是对城市竞争力的测评；二是分析城市竞争力的构成因素；三是寻找提升城市竞争力的策略。但是，这些研究都没有明确回答两个问题：（1）城市竞争究竟竞争的是什么（也即城市竞争的直接目的是什么）？作用对象是谁？（2）城市竞争力的实现途径是什么？

本书认为，城市竞争力的实现关键取决于两个问题：一是如何在生产要素流动性加快的情况下吸引相关的生产要素；二是如何把吸引到的生产要素有效地转变为被消费者认可的产出。生产要素的逐利性是生产要素流动的直接驱动力，而追求利润最大化实际上是生产要素的所有者——投资者的行为动机，随着实力雄厚的投资者的到来，相关的生产要素都会随之而至。进一步考察，投资者要实现利润最大化，必须实现产品的销售，只有城市的产出得到消费者的认可，城市才可能实现其价值。所以，城市竞争的直接目的就是对投资者和消费者的争夺。要提升城市竞争力就必须知道如何吸引投资者和高素质的人才，如何让消费者购买本市的产品。因此，本书认为：从经济意义上讲，城市竞争力就是一个城市持续不断地吸引外部投资者和消费者的排他性能力。

因此，本书认为，城市竞争力的研究应具备宏观视角，但是必须从微观切入，就是要研究外部投资者和消费者的选择行为，研究如何让投资者选择到本市投资、让消费者选择本市生产的产品和服务？为此，必须找到一个载体，向外部传递城市的有关信息，以影响城市的目标顾客——投资者和消费者的选择行为。品牌经济的提出正是基于这种考虑，试图在前人研究的基础上，进一步解决人类的选择问题，也即解决城市竞争力的实现问题。在过剩经济、产品同质化和消费水平日益提高的情况下，价格不再是消费者购买的唯一理由，同样，成本也不再是投资者选择的唯一准则。此时，品牌成为投资者和消费者进行选择的可靠识别要素。因此，本书的目的就是研究品牌为何能够，以及如何提升城市控制外部资源和市场的排他性能力。具体地说，就是研究一个城市的产品品牌、产业品牌乃至城市品牌如何影响投资者和消费者的选择行为。

那么，城市品牌究竟是如何作用于城市竞争力的呢？在生产要素的流动性假设、需求的有限性假设和政府官员的公共性假设三个基本假设条件下，本书分别分析了城市品牌对消费者选择行为和对投资者选择行为的影响。我们假定消费者是在价格一定的条件下，寻求选择成本的最小化。经过分析，我们得出城市品牌作用于消费者的机制是：城市品牌集里的消费品类一定，则所能满足的消费需求一定，价格也随即确定，这二者结合便决定了同时具有购买意愿和购买能力的消费需求。辅以精确的品牌策略，便可以保证消费者选择成本最低，成为消费者购买的理由。同样，我们假定投资者是在进入成本和预期收益一定的条件下寻求选择成本的最小化。经过分析，得出城市品牌对投资者的作用机制在于：在投资者数量一定的情况下，如何确定一个投资者品类，并辅以精确的城市品牌策略，使该品类信息准确无误地传递给投资者，以最大限度地降低投资者的选择成本，从而吸引该类型投资者。

在阐明了城市竞争力的品牌机制之后，本书在对传统区位理论进行梳理的基础上，提出了本书的核心模型，即城市品牌引力模型。在该模型中，本书把城市品牌的引力因子归结为五个，分为三类：第一类，作用于投资者的因子，即市场因素和成本因素；第二类，作用于消费者的因子，即城市品牌集里的品类品牌；第三类，干扰项，即外部投资者和消费者对城市的心理认同感以及政府行政效率，这两个因素虽然不构成核心因子，但是会对前述三个因子产生干扰，因而也构成城市品牌的引力因子。经过对城市品牌引力模型的静态分析和动态分析，得出城市品牌引力作用于城市竞争力的基本结论。首先，静态地看，在城市品牌策略 S 完全正确的条件下，城市品牌品类度综合指数越接近于1，城市品牌引力越大。若要增强城市品牌引力，城市必须不断提高品牌品类度，多个低品类度品牌的简单叠加丝毫无益于城市品牌综合品类指数的提高。其次，动态地看，城市品牌引力大小取决于三个因素：城市品牌品类度综合指数 B、城市品牌集的大小 m 和城市品牌策略集 S。要使城市品牌引力达到长期最大化，即实现城市竞争力的持续提升，在满足策略集 $S=1$ 的必要前提下，根据城市的现实情况，有两条道路可走：（1）在城市现有竞争力较强且调集资源的能力较强的情况下，应采取分散风险策略，力争培育多个品类度较高的品牌；（2）如果城市现有竞争力较弱，则很难保证所有的品牌都能够做到 $B \to 1$，也就是很难保证所有品牌的品类度，此时应当集中优势资源实行单品牌策略，以期从某一点上取得突破。这也就解释了为什么大城市要强、小城市要特的问题。

作为应用经济学研究，本书在构建了解释性模型后，致力于解决性模型的研究。本书的解决性模型包括两大部分，即城市品牌定位的 SIC 模型和城市品牌经济策略模型。借用艾·里斯（AI Ries）和杰克·特劳特（Jack Trout）的定位理论，本书首先区分了传统的城市定位推力模式和本书所提倡的城市定位拉力模式，指出城市不能一厢情愿地把城市未来的发展方向和愿望作为定位基点；而应当从预期目标顾客的偏好出发，寻找某个单一利益点，以满足目标顾客的偏好，确定一个品类，形成城市品牌定位，然后围绕该定位制定各项品牌经济策略，以确保该定位准确无误地传递给目标顾客并履行其承诺。本书指出，城市品牌定位是包括城市空间定位（space positioning）、城市产业定位（industry positioning）和城市品类定位（category positioning）在内的一个定位集合。任何城市都是一定区域的中心，城市定位首先要确定城市是多大范围的核心，这是城市发展的基本约束条件；其次，城市要确定是该空间范围的什么样的核心，即城市产业定位，确定发展什么样的产业和产品；最后，城市空间定位和城市产业定位只是给了城市品牌一个壳，要确定城市品牌的内核还必须进行城市品类定位，即在城市产业定位的基础上，再进一步确定城市的产品品类和投资品类。由于产品品类主要由企业在市场竞争中自发产生，因此，政府有所作为的只能是确定投资品类。总结城市品牌定位 SIC 模型，我们可以得到集城市空间定位、产业定位和品类定位为一体的三维立体定位图，该图把城市品牌定位划分为八种基本模式，并分析了哪种模式是不现实的，哪种是不可取的，哪种是可取的。

在前文中，我们一直假设城市品牌策略完全正确，即 $S = 1$。解决性模型的第二部分，即城市品牌经济策略模型就致力于解决在城市品牌品类度综合指数 B 一定的条件下，如何提高城市品牌经济策略的精确度问题。本书总结的城市品牌经济策略，按照实施的先后顺序分别是：产业策略、环境策略、制度策略、新闻策略、投资策略和路径策略，并分别分析了各个策略的具体实施方法。

目 录

第一章 导 论

第一节 问题的提出

一、中国的城市化与城市竞争

城市是人类社会经济活动的空间集聚，自人类最早的城市产生，至今已有 5500 余年的历史。从城市形成的动因分析，集聚经济所带来的正外部性和低成本使得人类以城市这种相对集中的形式从事各种活动成为一种理性选择。虽然信息技术的发展和交通通信技术的进步缩短了人类的空间距离，使得人们可以跨越空间进行低成本的交流，生产要素也可以更低的成本在不同地点流动，但这并没有丝毫削弱城市的作用。随着城市产业结构的升级和城市功能的演进，在工业生产日渐远离城市、呈现出均质化趋势的同时，以现代服务业和信息产业为代表的新兴产业却再次显示出集聚经济的巨大力量。只要有集聚，就有城市的存在，不但如此，城市比以往任何时候都更加重要，城市的集聚功能和扩散功能在整个空间经济体系中正发挥着前所未有的作用。

在经济全球化和信息化的背景下，城市的活力被充分激发出来，城市直接参与竞争，成为各种经济和社会活动的落脚点。自 19世纪以来的 200 多年时间里，世界城市人口和经济总量以日益递增的速度增长。1800 年，世界总人口 9.78 亿，大约只有 5.1% 居住

1

在城市，1900 年世界城市人口占总人口的比重达到 13.3%，自此之后，世界人口以空前的速度增长，目前，在全球 60 多亿人口中，有超过 60% 的人口生活在城市区域，世界主要发达国家的城市创造了 97% 的社会财富。改革开放以来，中国城市数量从中华人民共和国成立时的 132 个增加到如今的 660 个。据统计，2012 年，中国 23 个主要城市群占全国 30.21% 的国土面积，聚集了全国 65.69% 的人口，创造了 90.49% 的地区生产总值，而前十大城市群更是以 14.72% 的国土面积，集聚了 46.86% 的人口，创造了全国 71.67% 的地区生产总值。[①]

从整个城市体系看，城市之间的关系更加复杂化，城市发展日益从传统的自然发展到今天的激烈竞争，从竞争走向竞合。如今，随着交通通信技术的进步，运输费用的下降，生产要素的空间流动性大为增强。在技术进步的同时，随着公司组织结构的发展和生产模式的演变，使得在全球配置资源、安排生产成为可能，全球化趋势成为必然。在这种背景下，丰富的资源禀赋可以作为城市的比较优势，但未必是竞争优势，竞争需要城市积极主动地投入其中，没有一个城市可以幸免，这已经不是城市是否愿意参与竞争的问题，而是如何竞争的问题。一个城市不参与竞争，并不意味着其他城市不与之竞争，其他城市竞争的结果将是该城市的资源流失和比较优势的丧失。同时，伴随着劳动分工的深化，也没有一个城市可以完全脱离其他城市而存在，无论城市的规模大小、竞争力强弱，城市和城市之间已经结成一种由各种经济关系及社会关系所构成的复杂网络。一个城市的发展往往要依赖其他城市的支援，城市之间互为依赖并相互竞争，共同形成一个丰富的城市体系。

正是在这样的背景下，中国进入了城市化进程的加速期。许多国外学者都把"中国的城市化"与"美国的高科技"并列为影响

---

① 资料来源：中国经济周刊和 http://www.zhicheng.com/n/20180130/201637.html，2018 年 1 月 30 日。

21 世纪人类发展进程的两大关键因素。2001 年诺贝尔经济奖获得者斯蒂格列茨认为，21 世纪对于中国有三大挑战，居于首位的就是中国的城市化，他提出："中国的城市化将是区域经济增长的火车头，并产生最重要的经济利益"。① 根据美国地理学家诺瑟姆的研究，当一国城市化水平达到30%以后，城市化进入加速期。中国城市化水平 2005 年底就已经达到43%。② 国家统计局 2017 年发布的《中华人民共和国 2017 年国民经济和社会发展统计公报》显示，2017 年我国常住人口城镇化率为 58.52%，比 2016 年末提高 1.17 个百分点；户籍人口城镇化率为 42.35%，比 2016 年末提高 1.15 个百分点，未来十几年中国城市化将进入飞速发展时期。据中国科学院可持续发展战略研究组公布的《中国可持续发展战略报告》，到 21 世纪中叶，中国城市化率将提高到 75% 左右。但是，城市化增加的 17 个百分点并不会均匀地分布于各个城市，而是存在着差异。哪些城市将获得更多的发展机会并增强其竞争力？哪些城市将被其他城市排挤逐渐衰落？哪些城市会扩大规模？又有哪些城市会日渐缩小？这是中国的每一个城市都必须面临的问题。

因此，中国的每一个城市都必须清楚，城市化进程加速不仅意味着城市规模的扩大和数量的增加，更是意味着城市规模的不均衡发展和新一轮竞争。每一轮新的竞争的到来，都意味着新的机遇和挑战，谁会在这次新的竞争中胜出？这将是一场真正的角逐。因为，随着中国市场经济体制的深化改革，政策性因素对城市的作用将大为淡化，在这新一轮竞争中，中国的政策倾斜、优惠因素会越来越少，分权化改革后的地方政府同时也对地方经济发展负有更大的责任和享有更大的权力。而这场竞争的重要意义

① 武卫政.中科院《2005 中国可持续发展战略报告》揭示——加快城市化步伐势在必行.人民日报，2005 年 3 月 3 日第十四版。
② 李培林.2005—2006 中国社会形势分析与预测.中国社会科学院社会学研究所，2006.

不仅在于中国的城市化，更重要的是在全球化背景下，中国的城市将会在国际产业分工中扮演什么角色？在世界城市体系中处于什么地位？

本书的研究同样是在中国城市化加速的背景下进行的，虽然文中所探讨的一些品牌规律和模型具有一定的普适性，但是，研究范围仅限于中国的城市竞争力问题。

二、城市竞争——一个理论与现实的矛盾

在传统的主流经济学中是不存在空间概念的，微观经济学研究厂商之间的竞争，宏观经济学则更加关注整个经济的均衡，追求的是帕累托最优。至于城市，能够成为竞争主体吗？如果城市之间存在竞争，城市是如何竞争的？有着近百年历史的城市经济学对此问题也没有给出明确的回答。

当我们考察整个城市体系时，首先会看到它是由一些规模不等的城市所构成的。那么，我们要问：为什么城市规模有大小之别？是先天决定的？还是后天努力的结果？这个看似最寻常不过的人类社会现象，却揭示出城市发展最基本的约束条件。任何城市都是一定空间范围的核心，在一定的空间范围内发挥其集聚和辐射作用，由此决定的城市规模是城市的基本约束。但是，这个问题长期以来并未引起学者们的注意，直到 1913 年，F. 奥尔巴赫（F. Auerbach）最先关注城市规模的分布问题，他在研究中发现 5 个欧洲国家和美国的人口资料符合以下关系：

$$P_i R_i = K$$

式中：

P_i——所有城市按人口规模从大到小排序后第 i 位城市的人口；

R_i——第 i 位城市的位序；

K——常数。

该公式表明，一个城市的人口数乘以该城市在整个城市中的位

序等于一个常数，或者说它表明了一个城市的人口规模和其所列位序呈一种固定的反比关系。

经过马克·杰弗逊（Mark Jefferson）在 1939 提出城市首位度概念、金斯利·戴维斯（Kingsley Davis）提出二倍数规律等的发展，成为完整的城市位序—规模律，说明不同规模的城市数量分布呈现类似金字塔状的规律。这一规律的提出对城市规模的宏观布局等问题提供了一定的理论依据，但是，它也仅仅是描述了城市规模分布的客观规律，即描述性模型。至于为什么城市规模会有大小之别并未论述，即没有给出一个解释性模型。本书认为，这个问题至少和发现城市的位序—规模律同样重要。

克里斯塔勒的中心地理论对城市规模分布做了更为细致的考察。在 1933 年出版的名著《德国南部的中心地》一书中，在均质平原和经济人两个基本假设条件下，他认为，根据城市职能的门槛值和服务范围，最有效率的市场空间结构是一种正六边形的嵌套式空间结构。在这个正六边形的嵌套式结构中，最高一级中心地和市场区被六个低一级中心地所包围，低一级的中心地和市场区又被六个更低一级的市场区所包围，整个体系都是如此。低一级中心地只能提供当地范围的商品和服务，如果人们需要更高类别的商品和服务，必须到最近一级的高级中心地区去购买。高级的中心地既有低级中心地的全部职能，也有自己所特有的职能，新职能有较高的门槛和较大的服务范围。但是，相同级别的中心地和市场区是彼此独立和排斥的。

按照该理论，城市完全可以进行自给自足的生产，对外贸易仅限于本市不能生产的产品，城市之间会形成严格的分工体系，井然有序、无须竞争。然而，这显然和事实不符，事实上，城市之间不仅争夺资源、资金、人才等生产要素，而且在全球范围内争取其消费者。

在生产要素流动性日益增强的全球化趋势下，城市竞争已经成为不容回避的事实。自世界经济论坛和瑞士洛桑国际管理发展学院提出国际竞争力理论和迈克尔·波特（Michael E. Porter，1990）的《国家竞争优势》出版后，地点的竞争问题已经引起人们的广泛关注。在此基础上，20世纪90年代后，城市竞争力理论开始迅速发展，试图弥补这一传统主流经济学中的空白。

三、城市如何竞争

既然城市之间存在竞争是不争的事实，那么，城市又是如何展开竞争的呢？规模大的城市竞争力就一定强吗？小城市能够和大城市竞争吗？小城市又如何突破空间的限制和大城市竞争？为什么新城市后来居上、而一些古城却江河日下？为什么有着4000年历史的济南却竞争不过200年历史不到的青岛？仅建都就有1500年历史的西安却竞争不过只有700年历史的上海？为什么同质化产品能在不同区域之间销售？如果我们能够搞清楚这些问题，大约就能够把握住城市竞争的基本脉络。

（一）为什么城市发展有速度之别（在第四章详细论述）

现实中，为什么城市有兴衰沉亡？新城市后来居上、而一些古城却江河日下？经济学对于城市的经济发展似乎没有特别的创建，经济增长理论同样被用于国家和城市。从古典学派的投资、储蓄到后来的技术进步、制度等因素被认为是经济增长的源泉。然而，所有宏观的经济增长都离不开微观经济主体的活动，因此，从微观上探寻经济增长的源泉同样重要。由于任何城市都要受到空间范围的限制，因而，城市经济要快速增长，必须不断吸引投资者以吸引资源等生产要素，同时还要努力促使城市产品为外部消费者所购买以实现产品的价值，不断开拓市场，在更大范围内实现集聚和扩散作用。因此，从微观上考虑，我们要问：城市怎样才能吸引投资者来投资？怎样才能吸引消费者购买本市生产的产品和服务？

（二）为什么同质化产品能在不同区域之间销售（在第四章、第五章详细论述）

由于城市总要受到空间距离的约束，因此，在城市生产的产品都是同质化产品的前提下，按照区域经济学的理论，城市产品的销售也只能局限于特定的空间范围，勒施锥体充分论证了城市产品的销售区域和分界线。按照该理论，青岛生产的彩电不可能销售到惠州，而惠州生产的彩电也不可能销售到青岛，然而，现实生活中我们看到同质化产品在城市之间存在大量的贸易，青岛生产的海信彩电可以卖到惠州和全国其他城市，而惠州生产的TCL彩电也在青岛和其他城市销售，这些不同品牌的彩电在性能上基本无差异。我们想要知道的是，为什么同质化产品可以在不同区域之间销售？而这些产品仅仅只有品牌的不同。是什么在影响消费者的购买决策？弄清楚这个问题对于廓清城市如何开拓外部市场至关重要。

（三）为什么有些城市能够突破空间限制，谋求更大的发展（在第六章详细论述）

如前文所述，由于城市都是一定空间范围内的核心，因而城市规模成为城市发展最基本的约束。那么，又如何解释世界城市的存在？纽约、伦敦、东京等世界城市已然突破了空间的限制，成为全球经济中心。不仅是大城市，一些小城市也突破空间限制、表现出很强的竞争力，比如日内瓦这个全市只有282平方千米、仅有18万人口的小城市，面积只有济南市的1/29、人口只有济南市的1/32，却是世界知名的国际性会议城市，共有243个各类国际组织总部（或常设办事处）设在日内瓦，每年有2000多个国际会议在日内瓦召开，近89000名各国代表和专家与会，一年为日内瓦创收40亿瑞士法郎。① 这些小城市又是如何突破空间距离的限制，在竞争中脱颖而出的？本书认为，只有品牌才能够避免同质化产品的恶性竞争，突破空间的限制，争取到全球的资源和市场。

---

① http：//www.cistc.gov.cn/.

四、城市品牌对城市竞争力理论的推进

应该说，中国对城市竞争力的研究在 20 世纪 90 年代已经开始，只是在进入 21 世纪后这方面的研究更加为人们所关注，而有关的比较有影响力的研究成果也在此时推出，如北京国际城市发展研究院连玉明的城市价值链模型、中国社会科学院倪鹏飞的弓弦箭模型，以及广东省社科院丁力所做的研究等。这些研究在国外城市竞争力理论的基础上有所发展，主要体现在指标的设计和研究方法中计量模型的运用上。综观国内外城市竞争力理论，大体上可分为三个方面：一是对城市竞争力的测评；二是分析城市竞争力的构成因素；三是寻找提升城市竞争力的策略。但是，这些研究都没有明确回答两个问题：（1）城市竞争究竟竞争的是什么？也即城市竞争的直接目的是什么？作用对象是谁？（2）城市竞争力的实现途径问题？

本书认为，城市竞争力实现的关键取决于两个问题：一是如何在生产要素流动性加快的情况下吸引相关的生产要素；二是如何把吸引到的生产要素有效地转变为被消费者所认可的产出。生产要素的逐利性是生产要素流动的直接驱动力，而追求利润最大化实际上是生产要素的所有者——投资者的行为动机，随着实力雄厚的投资者的到来，相关的生产要素都会跟随而至。进一步考察，投资者要实现利润最大化，必须实现产品的销售，只有城市的产出得到消费者的认可，城市才可能实现其价值。所以，城市竞争的直接目的就是对投资者和消费者的争夺。要提升城市竞争力就必须知道如何吸引投资者和高素质的人才，如何让消费者购买本市的产品。

本书认为：从经济意义上讲，城市竞争力就是一个城市持续不断地吸引外部投资者和消费者的排他性能力。

因此，从微观角度看，城市竞争就是要研究外部投资者和消费者的选择行为，即如何让投资者选择到本市投资、让消费者选择本

市生产的产品和服务？为此，必须找到一个载体，向外部传递城市的有关信息，以影响城市的目标顾客——投资者和消费者的选择行为。品牌经济的提出正是基于这种考虑，试图在前人研究的基础上，进一步解决人类的选择问题，也即解决城市竞争力的实现问题。

在过剩经济、产品同质化和消费水平日益提高的情况下，价格不再是消费者购买的唯一理由，同样成本也不再是投资者选址的唯一准则。此时，品牌成为投资者和消费者进行选择的可靠的识别要素。因此，本书的目的，就是研究品牌为何能够，以及如何提升城市控制外部资源和市场的排他性能力。具体地说，就是研究一个城市的产品品牌、产业品牌乃至城市品牌如何影响投资者和消费者的选择行为。

第二节　本书的研究思路和框架

一、研究意义

（一）现实意义

跨入 21 世纪的门槛，中国的城市化进入加速期，这一时期中国城市的竞争不仅仅是国内竞争对手之间的竞争，而是在全球化背景下直接参与国际竞争，未来中国的竞争力将直接表现为城市的竞争力，表现为依托于城市的产业和产品的竞争力。城市之间的竞争实际上是对资源和市场的争夺。那么，哪些因素决定城市的竞争力？城市之间会不会出现类似囚徒困境的恶性竞争？

本书在构建理论模型的基础上，将证明在过剩经济中，只有品牌才能够使城市突破空间限制，扩大外部市场；只有品牌才能够避免城市之间的恶性竞争，实现共赢；只有品牌才能提升产品和城市的国际竞争力，只有品牌才能够不战而屈人之兵，从而从战略发展角度研究城市如何通过发展品牌经济以实现竞争力由弱到强的动态转变。

（二）理论意义

品牌经济的提出，是在前人研究的基础上，针对现有理论尚未解决的问题，对城市竞争力理论的新发展。现有理论没有回答城市竞争力的直接目的是什么，即城市竞争究竟竞争的是什么？因而也没有解决城市竞争力的实现问题，即如何吸引生产要素流向本市？如何让消费者选择本市的产品和服务以实现对市场的控制？本书试图构建一个城市品牌引力模型以在理论上解决上述问题。

二、研究方法

（一）理论分析方法

理论上，本书主要采用了微观经济学的分析范式。在理性经济人的假设条件下，通过成本收益分析，分析了在价格一定条件下，城市品牌如何影响投资者和消费者的选择行为，这些微观主体的偏好和行为动机是本书分析的微观基础。而且，城市本身参与竞争，制定竞争战略，城市自身的行为也完全符合微观经济学的分析范式。除此之外，本书还运用了区位理论、贸易理论、竞争理论和营销理论。引用区域经济学中对城市引力的分析，通过对区位理论的简单梳理，本书归纳出影响城市品牌引力的共性因子，并引入了品类品牌因子，从而构建了本书的核心模型——城市品牌引力模型。通过对贸易理论的简要梳理，从解释产业间贸易的绝对成本理论、比较优势理论和要素禀赋论，到产业内贸易理论，本书进一步提出了品牌差异对产品差异的替代，从而解释了为什么同质化产品能在不同区域间销售。迈克尔·波特的竞争理论则用于对城市品牌引力模型中的因子变化进行分析。另外，本书还借鉴了营销理论中的定位理论，建立了城市品牌 SIC 定位模型。

（二）实证分析方法

采用世界品牌实验室公布的 2016 年《中国 500 最具价值品牌》，本书对中国产品品牌的空间分布进行了实证研究，本书搜集到的 457 个品牌分属于 111 个不同的城市。同时，结合倪鹏飞主编的《中国城市竞争力报告 No. 15》公布的 2016 年中国城市竞争力排名，本书把这 111 个城市按拥有品牌个数和综合竞争力指数分成了五大类。通过对这五大类城市的总体分析和分类分析，从实证上验证了品牌和城市竞争力之间的正相关关系，并总结出品牌和城市竞争力之间关系的一些基本规律。

（三）个性分析和共性分析相结合

论文既有对典型城市的个案分析，又有对城市竞争力普遍规律的共性分析。比如，在对城市品牌建设路径的分析中，分别分析了青岛和温州两个典型城市的品牌建设路径，从中归纳出城市品牌路径的两种基本模式，即青岛的产品模式和温州的集群模式，从而为城市品牌建设从何处入手提供了理论依据。而在城市竞争力的作用机制分析和城市品牌引力模型的构建中，则完全采用了共性分析的方法，运用微观经济学和区域经济学，从理论上推导出城市品牌作用于城市竞争力的机制和城市品牌引力的构成要素，用于解释和指导所有的城市品牌建设。

三、研究思路

本书遵循这样一条研究思路，即根据观察到的事实提出问题，通过对该问题的文献综述提出本书的论点，通过对问题的剖析构建解释性模型，围绕解释性模型建立一个解决性模型，即进行对策研究。

（一）观察到的事实：中国的城市竞争

21 世纪，中国进入了城市化进程的加速期，在未来的半个世纪中，中国将完成城市化进程。但是，城市化的增量并不会均匀分布于各个城市，而是有所差别。哪些城市将获得更多的发展机会并增强其竞争力？哪些城市将被其他城市排挤逐渐衰落？哪些城市会扩大规模？又有哪些城市会日渐缩小？这是中国的每一个城市都必须面临的问题。现实中，城市之间日益激烈的招商引资竞争、花样百出的城市营销方案，无不体现出城市竞争的激烈程度。

（二）提出问题：城市之间如何竞争

根据传统的区位经济学理论，城市之间根本无须竞争便会形成一个井然有序的城市体系，由此产生了一个理论与现实的矛盾。现实中，城市与城市之间不仅争夺资源、资金、人才等生产要素，而且在全球范围内争夺其消费者。既然城市之间存在竞争，那么它们是如何竞争的呢？本书提出三个相关的问题。（1）为什么城市发展有速度之别？为什么城市有兴衰沉亡，新城市后来居上、而一些古城却江河日下？（2）为什么同质化产品能在不同区域之间销售？（3）为什么有些城市能够突破空间限制，谋求更大的发展？

（三）文献综述、提出论点：品牌经济对城市竞争力理论的发展

通过对国内外现有城市竞争力理论进行梳理，本书把它们归为三派，即测评派、结构派和策略派。结果发现，现有城市竞争力理论都没有很好地解决城市竞争力的实现问题，而这恰恰是各个城市最为关心的问题。基于此，本书提出品牌经济对现有理论进行补充。我们认为，只有品牌能够直接作用于城市外部的投资者和消费者；只有品牌能够避免城市之间的恶性竞争、通过品牌错位定位形成有效竞合；只有品牌能够充分体现城市的核心要素、并实现其竞争力。

（四）构建解释性模型：城市品牌引力模型

城市竞争力的实现最终取决于外部投资者和消费者的选择行为。那么，现实中，投资者和消费者根据什么进行选择呢？我们认为，在价格一定的条件下，品牌是投资者和消费者选择的决定性因素。品牌又为什么具有这种作用力呢？品牌的背后究竟是什么因素在起作用？事实上仍然是理性投资者和消费者在选择中的成本收益分析。本书把品牌因子引入区位理论对城市引力的分析中，提炼出影响目标顾客成本和收益的五种基本要素：成本、市场、品类品牌、政府行政效率和消费者对品牌的心理认同感，据此构建城市品

牌引力模型。

（五）构建解决性模型：城市品牌定位 SIC 模型和城市品牌经济策略模型

最后，我们要解决的一个问题就是城市品牌的建设问题。首先要进行科学的城市品牌定位，本书提出了城市品牌定位 SIC 模型，由表及里分别是：城市空间定位、城市产业定位和城市品类定位，三者有机结合才能构成一个完整的城市品牌定位。定位完成也就意味着锁定了目标顾客，怎样才能准确无误地向目标顾客做出承诺并兑现承诺呢？围绕该定位，本书提出了六项城市品牌经济策略，分别是：产业策略、环境策略、制度策略、传播策略、投资策略和路径策略。

四、创新点

（一）首次提出通过城市品牌的建设来解决城市竞争力的实现问题

现有的城市竞争力理论主要从三个方面进行了研究：一是对城市竞争力的评价和测量；二是对城市竞争力的构成因素分析；三是对提升城市竞争力策略的研究。但是，这些理论对如何实现城市的竞争力并未做出很好的解答。本书在现有理论的基础上，针对现有理论没有回答的问题，首次提出通过城市品牌的建设来解决城市竞争力的实现问题。

（二）首次从经济学角度对城市品牌进行系统分析

现有的品牌理论大都是对产品品牌的研究，而且研究方法基本上都属于传播学或市场营销学或管理学的领域，还没有对城市品牌进行经济学的系统分析。本书从经济学角度对品牌进行分析，即研究理性经济人在进行选择时，如何在收益一定的条件下，实现成本最小化。

（三）本书提出了城市品牌引力模型

现有的城市引力模型主要研究市场和运输成本（即距离）对城市产品销售量的影响，是一种描述性模型。本书的引力模型完全采用经济学的分析范式，从最基本的成本—收益分析入手，逐步展开，从分析城市品牌的构成因子如何影响投资者和消费者的选择行为为切入点，分析城市品牌如何影响城市竞争力，是解释性模型。

五、研究框架

本书共分三大部分。

第一部分：问题的提出，包括第一章导论和第二章文献综述。该部分主要是提出问题，介绍研究背景、国内外的研究成果，并指出现有研究的不足之处，从而提出从品牌角度对城市竞争力进行研究的现实可行性。

第二部分：解释性模型，包括第三章到第五章，主要致力于解释城市品牌是如何作用于城市竞争力的。第三章确定了论文研究的基本假设，并对城市竞争力和城市品牌的相关概念进行了界定；第四章分别从静态和动态分析了城市品牌作用于城市竞争力的作用机制，并利用世界品牌实验室公布的相关数据对中国产品品牌的空间分布进行了实证研究；第五章构建了本书的核心模型——城市品牌引力模型，分析城市品牌引力的构成因子，并分析城市品牌引力的长期动态均衡。

第三部分：解决性模型，包括第六章和第七章，解决如何构建城市品牌这一现实课题。第六章解决城市品牌构建的核心问题——城市品牌定位，分别从城市空间定位、城市产业定位和城市品类定位入手进行探讨，并初步提出了城市品牌定位的基本原则和设计流程，探讨了品类演化与城市品牌的重新定位问题。第七章提出了城市品牌经济策略模型，主要是围绕已有的城市品牌定位，采取哪些经济策略以保证该定位的顺利实施，分别分析了产业策略、环境策略、制度策略、传播策略、投资策略和路径策略六大经济策略，为城市品牌定位提供完整的框架。

本章小结

本章从城市竞争这一理论和现实的矛盾出发，针对城市竞争的现实提出了三个有待回答的问题：（1）为什么城市发展有速度之别？（2）为什么同质化产品能在不同区域之间销售？（3）为什么有些城市能够突破空间限制，谋求更大的发展？廓清这三个问题，能够从微观角度把握城市竞争的基本脉络。本书仅从经济学角度研究城市经济竞争力，并在本章中概述了基本的研究思路、研究方法和论文框架。

第二章 文献综述

第一节 城市竞争力理论的研究背景

20 世纪 90 年代以后，城市竞争力理论的发展直接源于两大背景，即经济全球化和城市化。

一、全球化趋势对城市的影响

全球化趋势对城市产生了两大重要后果：一是生产要素的流动性增强，二是城市在国民经济中的地位凸显。

首先，生产要素的流动性增强，使城市面临更大的机遇同时又面临更大的挑战。交通通信等技术进步使运输成本大为降低，资源、资金、技术和人才等生产要素的流动性大大增加，这意味着城市的比较优势将不再等同于其竞争优势。全球化经济中，一个城市再也不可能仅仅凭借自身的资源禀赋等天然优势获取竞争优势，良好的要素禀赋和区位条件只是城市的比较优势，如果一个城市不能提高自身的竞争力，则这些要素很可能被其他城市所吸引，伴随着投资者迁出，相关的人才、资金、要素都会流失。同时，信息化改变了工业时代的生产模式，随着温特尔主义平台的推出，模块化生产使生产要素在全球配置成为可能，这使得每一个城市都有机会加入全球生产链，但是，由于高新技术不再过分依赖于原材料，这意味着会有更多的城市参与到全球价值链的竞争。谁会加入进来？进入价值链的哪一个环节？处于什么样的地位？这将是决定城市未来发展的关键性因素。因此，全球化对于每一个城市来说，既是一个新的机遇又是严峻的挑战，生产要素的流动性增强意味着城市可以在全球范围内获取资源，但同时资源的有限性又意味着城市之间必然要为争夺资源而展开激烈的竞争。

其次，全球化弱化了国家的边界，城市在国民经济中的地位凸显。随着全球化中生产要素的自由流动，生产链条的跨国分工与合作，在经济生活中国家的边界逐渐弱化，城市的地位则凸显出来，一国的竞争力在空间上直接表现为该国城市的竞争力，一国产业的竞争力最终要以城市为载体。城市在微观上为企业提供平台，决定产品体系。1998 年 5 月美国《商业周刊》刊载《大城市更加光辉》的文章，指出城市正在变得更有价值，"当城市成功的时候，整个国家也会成功。"

二、城市化进程及其迂回发展

目前世界各国的城市化进程并不一致，西方发达国家早就完成了城市化，而在相当多的发展中国家，这一进程才刚刚开始。西方发达国家的一些城市早在 20 世纪五六十年代就完成了城市化进程，但是，随后的发展并非一帆风顺。70 年代后，由于集聚不经济，西方发达国家出现逆城市化现象，一些中心城市开始出现空心化，企业外迁、失业加剧、环境恶化。经过八九十年代的重建，有的中心城市又恢复了生机和活力，而有的中心城市则从此一蹶不振，丧失了经济中心的地位。所有这些促使西方的城市学者开始思考：为什么有的城市竞争力被不断削弱？有的城市竞争力迅速提升？而究竟又是什么使一个城市的竞争力失而复得？

至于像中国这样的发展中国家，城市化进程则刚刚开始或正处于加速期。根据联合国的预测，到 2050 年，世界城市人口将占总人口的 2/3，而世界上十大城市人口的数量更高达 5 亿人，出现了与现在完全不相同的"超巨大城市"（美国《商业周刊》称之为

"超级城市"），可能占城市人口总量的 1/10。① 这一时期城市间必将面临激烈的竞争。城市化意味着城市规模的扩大和城市数量的增加，经济生活中的每一场变革都意味着新一轮竞争的开始和新的机遇与挑战，其间必然会有一部分城市抓住机会脱颖而出，而那些丧失了机会的城市则随之失去在区域经济中的地位和功能。那么，哪些城市会在这场赛跑中获胜？哪些城市将获得持久的地位和竞争优势？这些都成为每一个城市必须面对的问题。

第二节　城市竞争力理论述评

一、城市竞争力理论的研究现状

现有城市竞争力理论都是在世界经济论坛（World Economic Forum，WEF）和瑞士洛桑国际管理发展学院（International Institute For Managemnet Development，IMD）的 WEF-IMD 国际竞争力理论和迈克尔·波特的产业竞争力理论的基础上发展而来的。真正对城市竞争力的研究始于 20 世纪 90 年代，研究主要侧重于三个方面：一是对城市竞争力的评价和测量；二是对城市竞争力的构成因素分析；三是对提升城市竞争力策略的研究。大致可分为以下三派。

（一）**测评派**

早期的城市竞争力研究主要是对城市竞争力的测评，其测评方法又分为三种。

一是评价城市的产出，测评指标主要有产出增长、就业增长和重要部门的增长等（I. Begg，B. Moore &Y. Altunbas，2002）。作者采用该方法评价了 87 座英国城市和 22 个新型城镇的竞争力。

二是评价城市的竞争性资产或投入。该方法的提出是基于知识

---

① 引自《2005 中国可持续发展战略报告》，中国科学院可持续发展战略研究组，中国网：http://www.china.org.cn/chinese/zhuanti/2005cxfz/815950.htm.

经济的背景，莱弗（B. Lever，2002）认为，知识对城市未来经济越来越重要，城市的竞争力体现在城市是否具备这些知识资产。莱弗考察了世界上15个国家的知识资产，这些知识资产包括通信设施、R&D活动、受高等教育的学生数、机场活动、会展和已出版的研究论文等。斯戴里奥斯·赞纳克斯（Stelios H Zanakis，2005）揭示了竞争力的首要驱动力是低的国家风险和高的计算机使用率，强调能够带来长期持续稳定发展的好环境，包括政策稳定性、科研、教育等多个非经济因素。罗宾·哈姆布莱特和吉尔·西蒙·格罗斯（Robin Helmblet & Jill Simone Gross，2007）则强调城市制度设计比以往任何时候都变得更加重要。

三是资产—产出模型，也就是上两种评价方法的结合，由迪斯和吉奥纳多（I. Deas & B. Giordano）于2002年提出。该模型把竞争性资产分为经济、政策、自然和社会环境四类，同时这些竞争性资产与厂商以及城市的竞争性产出是相互作用、相互联系的。该模型指出，城市的竞争性资产是否能转变为竞争性产出，取决于政府机构的有效性、市民的积极参与和城市规划的适宜性。这种方法把城市的"投入"与"产出"有机结合起来，对城市竞争力的评价更加全面和准确。

目前，对城市竞争力的测评依然是城市竞争力理论的一个重要内容，后续的研究都不同程度采用了测评派的研究成果。然而，测评派只是给出了对城市竞争力进行比较的衡量标尺，对城市竞争力本身并没有实质性的研究，它不能回答是哪些因素使一个城市比另一个城市更具竞争力这样的问题，所以，后来的研究基本上都排除了单纯的测评研究。

（二）结构派

结构派试图回答哪些因素在一个城市的竞争力中至关重要，并建立了计量经济模型来研究各种因素对城市竞争力的解释程度。

结构派的研究方法又分为两种。一是从供给角度研究，如迪斯和吉奥纳多将城市的"投入"和"产出"有机结合起来，提出了

"资产—产出"模型。J. 萨布里诺（J. Sobrino，2002）先是研究了城市的产业竞争力（工业竞争力），随后（2003）又把研究范围拓展到"工业竞争力 + 商业竞争力 + 服务业竞争力"。美国巴克内尔大学的皮特·卡尔·克瑞斯（Peter Karl Kresl，1999）认为城市竞争力是指城市创造财富、提高收入的能力，并提出显示性框架和解释性框架相结合的城市竞争力评价方法。显示性指标由制造业增加值、商品零售额、商业服务收入三个指标构成，用以体现城市竞争力；解释性指标由经济因素和战略因素两大类构成，用以解释城市竞争力的来源，其视角依然是城市供给的角度。二是从需求角度研究，把城市竞争力理解为城市尽可能地提高竞争力以吸引厂商来此进行生产并提供就业。指标主要是生活质量竞争力和商务环境竞争力（P. K. Kresl&B. Singh，1995，1999；P. K. Kresl&P. P. Proulx，2002，Gabriel&Rosenthal，2000）。

其实，在结构派的模型中，各因素（或分竞争力）既是城市竞争力的评价指标，又是城市竞争力的解释性指标。两者是互为一体的。

近来的研究趋势，尤其是中国的研究有把测评分析和结构分析结合起来的趋势，而且分析中大量地使用计量经济模型。目前在中国的研究中比较有代表性的两个模型是北京国际城市发展研究院（IUD）的城市价值链模型以及倪鹏飞的弓弦箭模型和飞轮模型。

1. 北京国际城市发展研究院（IUD）的城市价值链模型（2004）

IUD 是中国第一个专业研究与评价中国城市竞争力和世界城市竞争力的非营利机构。

该理论借助迈克尔·波特的价值链理论，把城市竞争力系统描绘成一个复杂的价值链模型。城市竞争力的提升是一个包括价值活动和价值流在内的复杂系统的合力。它把价值流分为：物流、人力流、资本流、技术流、信息流和服务流六种；城市的价值活动包括：城市魅力系统、城市潜力系统、城市活力系统、城市能力系统和城市实力系统五大要素系统。这"五大要素系统"反映了城市价值创造过程中实现其价值增值的每一个环节，而城市价值创造的主体则是价值流系统。作者把这五大要素系统作为 5 个一级指标，下面又分设 23 个二级指标、140 个三级指标，共计 168 个指标对城市竞争力进行系统分析和评价。研究方法以定性分析为主，辅以案例研究。

连玉明认为，城市竞争力的最终目的是实现城市价值。城市价值又包括两个层面：一是城市价值最大化；二是城市形态高级化。城市价值体现在三个方面：（1）这个城市能否创造更强的经济实力；（2）能否提供更高的生活水准；（3）能否为个人带来更多的就业机会和发展机遇。城市形态的演变由低到高依次为：濒危型城市、衰退型城市、停滞型城市、成长型城市和开放型城市。

2. 城市竞争力的弓弦箭模型和飞轮模型（倪鹏飞，2003，2010）

倪鹏飞在《中国城市竞争力报告 No.1》中，明确地把整个城市竞争力分析框架分为解释性框架和显示性框架。

（1）解释性框架用以说明城市竞争力的构成因子。作者认为城市竞争力是一个混沌的系统，它由许多子系统组成，这些复杂的子系统以其表现方式的不同可概括为两类：即硬竞争力系统和软竞争力系统，公式表示如下：

$$城市竞争力(UC) = F(硬竞争力, 软竞争力)$$

硬竞争力包括 7 个分力：人才竞争力、资本竞争力、科技竞争力、环境竞争力、区位竞争力、基础设施竞争力和结构竞争力；软竞争力包括 5 个分力：文化竞争力、制度竞争力、政府管理竞争力、企业管理竞争力、开放竞争力。这样，7 个硬竞争力形成弓，5 个软竞争力形成弦，城市产业好比是箭，它们相互作用，共同形成城市竞争力。

硬竞争力和软竞争力构成 12 个一级指标，下面又分设 54 个二级指标、162 个三级指标，共计 228 个指标。

（2）显示性框架用以测量城市竞争力的大小，公式表示如下：

城市综合竞争力 = F(综合市场占有率，综合长期经济增长率，综合地均 GDP，综合居民人均收入水平)。

根据该指标体系进行计量分析，结果表明，目前在中国，资本、文化和开放是对城市竞争力贡献最大的三个因素，区位、基础设施、制度和经济结构并非传统观点所认为的那么重要。

由于作者的重点放在对城市竞争力构成因子或者分竞争力的分析上，因此，本书把他的模型看作结构派的分析方法。

应该说，作者非常准确地把握了城市竞争的实质，他认为城市竞争的实质是对资源和市场占有的争夺，具体表现为资金、资源、人才、服务对象、服务领域等基于利益最大化原则，在不同城市、地区或国家间的流动和转移。

该模型的突出特点：一是非常全面，指标设计涉及城市的方方面面，而且对 47 个样本城市进行了广泛的问卷调查，对全国 200 个城市进行了研究并排名。方法上使用了资产—产出模型，既考虑了供给因素的产业分析，又考虑了需求因素；二是技术上首次将模糊曲线法引入城市竞争力研究，能够求出各影响因素的贡献弹性和相关度，从而选出影响因变量的重要因素。其研究极具实证性。

但是，它的优点也正是它的缺点，由于指标设计越来越全面、越来越细致，其研究更像一本城市百科全书，而忽视了每一个城市的差别和个性，这显然不符合现实。此外，把所有的城市都放在同一平台上进行研究，其得出的统计规律对大城市或许是合适的，但对某些中小城市不一定适用。而且，这种研究基本上是静态的，没有涉及城市竞争力的动态变化问题。比如，作者通过计量模型得出结论，目前中国的城市竞争力构成因子中，资本是最重要的因子。但是，几乎所有的城市都明白资本之于城市发展的重要性，问题是如何才能获得外部资本？如何才能争取到外部的投资者？该书的后续报告虽然也提供了一些策略，但是，还没有直接针对投资者和消费者的吸引途径。

2010 年，倪鹏飞又进一步提出了飞轮模型，该模型从系统层次渗透的角度界定城市综合竞争力，认为城市综合竞争力由内到外分成三个层次：核心层称为城市本体竞争力，涉及城市人才、产业、企业和公共部门的竞争能力；中间层称为内部环境竞争力，包括城市生活环境、创新环境、商务环境和社会环境的竞争能力；边缘层称为城市外部环境竞争力，主要指城市所处的区域、国家和国际环境状况。

（三）策略派

策略派强调动态研究方法，试图寻找一条城市从不具竞争力向具有较强竞争力的解决途径，为城市决策者提供参考和依据。

1. 道格拉斯·韦布斯特（Douglas Webster, 2000）的城市竞争力模型

道格拉斯·韦布斯特设计了四个评价城市竞争力的大类指标：经济结构、区域禀赋、人力资源和制度环境。他认为，在这四个指标中，人力资源和制度环境是最重要的评价指标，人力资源的质量直接决定着一个城市向价值链上游移动的程度。但是，具有讽刺意义的是，衡量城市竞争力中最重要的这些因素往往是最难以量化的。

然后，围绕这四个指标，作者构建了城市竞争力评价体系，包括评价的方法、程序和技术。在城市竞争力的三种评价方法：区位选择理论、标杆法和 SWOT 分析法中，作者比较推崇标杆法和 SWOT 分析法。标杆法可以用来评价一个城市相对于参照城市的地位和绩效，而且参照城市和本市在多方面都很相似，所以参照城市的成功途径对本市具有一定的借鉴意义，但困难是如何确定参照城市。SWOT 分析法是一种战略方法，它可以使决策者跳出本市以局外人的眼光来审视城市的外部机会和威胁、内部优势和劣势，但缺点是它既是一门科学又是一门艺术，因此评价结果的质量高低很大程度上依赖于实施者。

在完成了评价体系的构建后，作者分别对不同类型的城市的竞争力评价的特殊性进行了阐述，包括前工业化经济、工业经济与知识经济的不同评价方法；中小城市与大都市的不同评价；以及转型城市和危机城市的不同评价。

该模型虽然也设计了相关的指标体系，并说明了一套评价城市竞争力的方法、程序和技术，但是该模型与测评派和结构派在研究目的上很不相同。首先该模型采用的视角是作为一个投资者、企业家或经理，你为什么想在某一特定地点从事某项给定的活动，以及这么做的约束是什么，尤其对那些已经在此地经营的人来说。其次，该模型的评价体系直接面向城市。他并没有像结构派那样用自己的一套方法、程序和技术对城市进行排名，而是给出了一套城市评价体系，各城市可以运用该评价体系与标杆城市进行比照，对本市所面对的外部机会和威胁，以及内部优势和劣势进行科学评估；第三，该模型具有明显的战略导向性。作者之所以没有对城市进行排名，是因为该模型所提供的评价体系只是一种方法和程序，目的是为了让城市制定发展战略和竞争战略。因此，作者始终强调城市评价要包含战略方法，以承认每个城市的差异性和特殊性为前提，试图为提升城市竞争力提供一个基础平台。

2. 索特劳特和琳娜玛（Sotarauta&Linnamaa，1998）的城市竞争力模型

该模型强调城市之间不仅存在着竞争，而且有合作，竞争与合作的边界已变得非常模糊，全球和各地区的各类功能和活动以网络的方式来组织，而不是以纯粹的科层方式和市场方式来完成，而高品质的网络是难以模仿的。因此，网络管理是否有效成为城市竞争力的关键因素之一。网络管理的目的在于协调不同行动者不同的目标和战略，对他们之间的利益进行平衡，并指引活动朝向既定的目标，以达到网络资源的最佳充分利用。

文章最后列举了芬兰的 Tampere 市和 Oulu 市运用网络管理提升城市竞争力的成功案例，以说明网络管理的实际运作程序和机制。

目前，结构派逐渐深入到策略派，基于城市竞争力的指标分析，结构派开始对城市竞争力的大小进行测评，并给出指导性建议。

二、对现有理论的简评

（一）现有理论没有回答的问题——城市竞争的直接目的是什么

综观以上城市竞争力理论，研究方法日趋完善，研究涉及范围日趋扩大，但是，所有的理论都没有提出或明确提出这样一个问题，即城市竞争究竟竞争的是什么？城市竞争的直接目的是什么？

本书认为，城市竞争的实质就是对生产要素和资源的争夺以及对市场的控制。而这些最终要落实到投资者、人才、游客和本市产品的消费者身上。所以，城市竞争的直接目的就是对投资者、人才、游客和消费者的争夺。要提升城市竞争力就必须知道如何吸引投资者和高素质的人才，如何向游客和消费者推销本市的产品。由于人才往往追随投资者而来，游客是一种特殊的消费者，因此，本书把城市的目标顾客分为两类：投资者和消费者。投资者带来生产要素，消费者实现产品价值。

（二）现有理论尚未解决的问题——城市竞争力的实现问题

以上城市竞争力理论演进过程中，以下观点基本上得到了大家的认可：（1）都认为城市产业是城市的核心竞争力；（2）都认为城市的自然要素禀赋已不如以前那么重要（因为要素的流动性增大了）；（3）都认为城市竞争力越来越依赖于难以量化的软要素；（4）都认为城市之间不仅有竞争，而且存在合作。

可以总结出，城市之间的竞争是通过两条途径实现的：一条是通过生产要素在不同城市之间的流动来实现的，其他种种因素都是通过影响要素的流动，从而形成不同生产要素在不同城市之间的配置，这样自然就形成了城市的产业、从而形成一定的产品体系，也即城市的核心竞争力。但问题是生产要素是如何在各城市之间流动的？投资者何以会选择某一城市？另一条是通过扩大市场占有率来实现的，但如何使外地的消费者选择本市的产品和服务？这些文献都注意到软要素日益上升的作用，但软要素如何体现？也就是说，城市必须通过某种载体把自己的优势和特点传递给外界投资者、游客和消费者，使人们形成对城市的良好认知以选择本城市。

（三）现有理论的缺陷——过于强调竞争，对合作重视不够

如上所述，现有理论都设计了一套复杂细致的指标体系，并依此对城市进行了排名，尤其是弓弦箭模型以其涵盖城市方方面面的指标设计和数字化实证研究获得了无可辩驳的权威地位。但是，也有人对此提出了异议。一是指标的选取不可避免具有主观性，指标选取和权重设计是否科学、合理值得怀疑，因为，不同的学者利用不同的指标体系、赋予不同的指标以不同的权重得出了不同的排名，道格拉斯·韦布斯特也指出现在的城市竞争力研究缺乏兼容性。二是不同行政级别、地区的城市是否具有可比性。那么，依此做出的城市排名有多大意义呢？是否符合现实？更为严重的是，根据不一定合理的指标体系对不具可比性的城市进行排名，无形中加大了城市的压力，加剧了各城市之间的恶性竞争，加剧了地方割据和产业结构的同构化（王明浩、李小羽，2004）。研究和排名过于强调竞争，似乎城市之间只是你死我活的拼杀，妨碍了区域经济的协调发展。

这种批评虽然有失偏颇，而且倪鹏飞博士在《中国城市竞争力报告 No.2》中专门研究了城市之间定位的共赢问题，但是，这提醒我们要更加重视城市竞争之中的合作。

城市品牌的研究将把重点放在城市（尤其是城市群中各城市）之间的有效竞合问题。因为品牌本身的首要功能就是提供差异化个性特征以区别于竞争对手，通过目标市场的细分而获取一定的垄断地位。因此，城市品牌就是要通过城市品牌定位，在劳动地域分工和价值链中找到自己特定的位置，在此基础上进行有效竞争，从而

达成区域经济的协调发展。

三、品牌经济对城市竞争力理论的新发展

城市竞争力理论经过测评派和结构派的发展，其指标设计越来越全面、细致，几乎穷尽了一个城市的所有方面，并得出了影响竞争力的最重要因素。但是，对于每一个城市来说，它想要知道的是怎样才能拥有这些要素。或者说，怎样才能让投资者到本市来投资？让游客来本市旅游？让消费者购买本市的产品？因此，我们还需要一种理论来解决人们的选择行为问题。品牌经济的提出正是基于这种考虑，试图在前人研究的基础上，对城市竞争力理论有所发展。

品牌经济并不是凭空提出的，它是竞争发展到一定阶段的产物。按照城市竞争的竞争策略，我们可以把城市竞争分为四个阶段，即资源竞争、劳力竞争、产品竞争和品牌竞争。资源竞争主要存在于短缺经济和卖方市场的条件下，这一时期，企业生产的任何产品，只要能满足使用功能，便可以销售出去，市场遵循的是萨伊法则，供给可以创造自己的需求。因此，企业的竞争主要是对资源的竞争，谁能获取必需的资源，谁就具有竞争优势，中国20世纪90年代中期以前基本上处于这个时期。随着市场日益饱和，进入买方市场和过剩经济时期，这一时期又可分为三个阶段。初级阶段是劳力竞争时期，城市比拼的是劳动、土地等低成本策略，谁的成本低、产品的价格低，谁即具有竞争力。中级阶段是产品竞争阶段，开始从低成本战略转向差异化战略，正如迈克尔·波特所说"竞争必须超越低成本竞争而走向差异化竞争"（1998），只有对手不可模仿的差异化才能维持竞争优势。企业开始从产品质量、工艺、技术、款式等方面寻求差异化，以区别于竞争对手，并且比竞争对手做得更好。高级阶段是品牌竞争阶段，随着消费者收入水平的提高和消费结构的升级，良好稳定的产品功能已被视为产品的基本属性，消费者的心理需求占据越来越重要的地位。

随着技术进步，尤其是信息技术的发展，技术扩散和产品更新的速度日益加快，产品同质化问题日益严重，已很难通过产品本身寻求持续的差异化优势。那么，此时什么才能形成持久的差异化呢？在当今信息技术高度发达的情况下，几乎任何东西都可以被模仿，不仅是技术，甚至包括管理方法、营销手段都有趋同之势。但是，有一种东西是不可模仿的，那就是品牌。品牌具有一种认知上的占先性和独占性，即一旦消费者对某事物形成了一种品牌认知，便会排斥对其他事物的同样认知，从而在消费者的头脑中形成不可替代的差异化。城市作为竞争主体直接参与竞争，同样需要品牌来形成差异化，以影响人们的选择行为。

品牌经济与城市竞争力的研究目的是，如何通过发展品牌经济提升城市控制外部资源和市场的能力。具体地说，就是研究一个城市的产品品牌、产业品牌乃至城市品牌如何影响投资者和消费者的选择行为。

事实上，城市竞争力来源于城市的三种能力：进口能力、转换能力和出口能力。进口能力是指一个城市吸引外部生产要素和资源的能力；转换能力是指一个城市把生产要素高效率地转换为高品质的产品和服务的能力；出口能力是指一个城市输出产品、开拓市场的能力。从这个角度看，品牌经济的建设过程同时也是提高转换能力的过程，品牌经济的结果则主要作用于城市的进口能力和出口能力，而这两种能力对于目前中国这样的发展中国家的城市来说或许是最迫切的任务。

品牌经济与城市竞争力研究的一个基本立足点是区域经济协调发展，形成有效竞争。正如索特劳特和琳娜玛指出的，城市之间不是纯粹的市场竞争关系，而是一种带有合作性质的网络关系，城市不是孤立地存在，而是存在于其他城市的相互关系之中。从城市竞争本身来看，城市竞争过程中会产生类似于位序—规模律的分布，这样就形成了由不同竞争力的城市所构成的城市体系。城市存在于不同的竞争等级之中，城市只可能在本等级内进行竞争，突破一定的临界点才可能与更高等级的城市进行竞争。因此，所谓的城市排名并无多大意义，因为，即便第一位是最好的，但却不是每一个城市都应该去争取的。所以，本书的研究将把重点放在城市（尤其是城市群中各城市）之间的有效竞合问题。因为品牌本身的首要功能就是提供差异化个性特征以区别于竞争对手，通过目标市场的细分而获取一定的垄断地位。因此，品牌经济就是要通过产品品牌——产业品牌——城市品牌的合理错位定位，使城市在劳动地域分工和价值链中找到自己特定的位置，在此基础上进行有效竞争，从而达成区域经济的协调发展。

本章小结

通过对国内外城市竞争力理论的述评，我们发现，影响城市竞争力的因素是多方面的。然而，在进行理论研究时，我们必须能够删繁就简，归纳出具有普遍适用性的核心要素。在前人研究的基础上，本书引入品牌因子，提出了通过品牌经济提高城市经济竞争力的论点。假如我们用 C_C 表示城市竞争力，则它受多个因素的影响，可表示为 $C_C = f(x_1, x_2, \cdots, x_i, \cdots, x_n)$。本书并不排除其他因子对城市竞争力的影响，只是提出品牌是其中的一个关键因子，令 $x_i = C_B$ 表示城市品牌，则本书仅研究城市品牌对城市经济竞争力的作用机制。

第三章 基本假设与概念界定

第一节 本书研究的基本假设

为了把复杂问题简单化，本书提出两个基本假设。

假设1：生产要素的空间流动性假设

即假设除土地及其上附属物之外，其他的可移动性生产要素和产品都可以在不同空间流动，不受人为因素的干预和阻碍。

没有生产要素的空间流动，便没有城市之间的竞争，如果生产要素完全不流动，则城市之间的竞争仍属于传统的城市竞争范畴，即城市的要素禀赋决定了城市竞争力的高低，城市在竞争中完全丧失了主动权。因为，如果劳动、资本、技术、自然资源等生产要素完全固着在一个城市不能有任何空间转移的话，城市的发展就只能依赖自身的先天条件和要素禀赋，城市能够生产什么、能够达到多大的规模、能够在城市等级体系中处于什么地位等等，都已经先天地决定了，绝对成本理论和要素禀赋理论就足以解释城市的发展。

但现实中，生产要素自古就可以流动，虽然在人类社会发展的漫长历史时期，中西方都曾经出现过对某些产品或生产要素的官方管制，不允许其在地区之间自由流动，但是，这种管制的结果是促成了黑市交易和各种形式的"走私"。现实中生产要素和产品的的流动只会受到阻碍，并不会完全消失。尤其是进入20世纪以来，随着交通通信技术的进步以及全球化趋势的发展，生产要素的流动性日益增强。需要注意的是，本书假设生产要素可以自由流动，但并不代表这种空间流动不需要成本。任何事物的任何空间位移都需要付出成本，生产要素的空间流动同样需要付出成本，这包括运输成本和由于空间位移而带来的成本变化两部分。

本书把生产要素的空间移动所产生的成本称为"位移成本"，它由运输成本和距离替代成本构成。距离替代成本是指由于生产要素的空间位移所造成的成本变化增减量。用公式表示如下：

$$C_D = C_T + C_S$$

其中，C_D 表示位移成本，C_T 表示运输成本，C_S 表示距离替代成本，不同的事物，其在空间位移时距离替代成本会有不同的成本构成变化。

假设 2：需求的有限性假设

即假设在任一时点上，经济体系中城市所面临的投资者和消费者的数量是一定的，各个城市在世界范围内争取有限的投资者、游客和消费者需求。

初看起来，这个假设似乎和资源稀缺性的经济学常识相矛盾，但事实上，正是由于资源的稀缺性，使资源在不同空间的配置也遵循市场经济的效率原则，哪个城市的收益高，投资者就投向哪一个城市。在经济全球化的背景下，有限的资源和生产要素随着投资者的空间移动而流动，投资者在全球范围内寻求能够为之带来高收益的城市。

在当前过剩经济条件下，城市不仅要吸引投资者增加投入，而且还要吸引消费者实现其产出的价值。虽然需求在长时期的无限性为城市的持续生存和发展提供了前提条件，但是在相对过剩的条件下，任一时点上需求的有限性又决定了城市必须为争取某一特定类型的消费者展开激烈的竞争。

所以，本书的核心问题是：如何在外部对城市的需求一定的情况下，最大限度地吸引投资者和消费者。

第二节　本书研究的基本概念界定

由于城市品牌和城市竞争力的概念本身就是一个众说纷纭的问题，因此，这里有必要从本书的研究目的出发，对一些基本概念重新做出界定。

一、城市竞争力及其概念

对城市竞争力的概念，中外学者都提出了自己的观点，现摘录主要观点如下。

城市竞争力是指一个城市在经济全球化和区域一体化背景下，与其他城市比较，在资源要素流动过程中，所具有的抗衡甚至超越现实的和潜在的竞争对手，以获取持久的竞争优势，最终实现城市价值的系统合力（连玉明，2004）。

城市竞争力是个相对概念，主要是指一个城市在竞争和发展过程中与其他城市相比较所具有的多快好省地创造财富和价值收益的能力（倪鹏飞，2003）。

城市竞争力是指一个城市和其他城市相比生产并销售一系列更有价值的产品和服务的能力（道格拉斯·韦布斯特，2000）。

以上概念有两个共同特点：一是城市竞争力是一个相对概念，是一个城市和其他城市相比较所具有的能力；二是城市竞争力的核心是高效率地创造价值和实现价值的能力。可见，他们所研究的城市竞争力实际上就是城市的经济竞争力，其他所有的软硬要素的作用都是为了提升城市的经济竞争力，否则，这些要素的存在就失去了意义。三是从城市竞争力的最终目的进行定义，指出城市竞争力的目的或表现形式是城市的产出和价值实现。

本书同意上述城市竞争力定义的基本表述，尤其是他们都无一例外地把城市竞争力理解为城市的经济竞争能力，这无疑是一种删繁就简的研究方法。经济是一个城市持续存在和发展的物质基础，只有经济发展了，城市的其他价值才有可能得以最终实现。连玉明对城市价值进行了较为全面的分析，他认为城市价值体现在三个方面：（1）这个城市能否创造更强的经济实力；（2）能否提供更高的生活水准；（3）能否为个人带来更多的就业机会和发展机遇。这三个价值体现中第一个具有决定性的意义，虽然经济竞争力不是高水准生活质量的充分条件，但绝对是必要条件，没有经济实力，任何优美的自然环境和文化遗产也只能让市民生活在贫困之中，甚至连本市的文化遗产也无法保护。同样，只有经济竞争力强才能为个人带来更多的就业机会和发展机遇。

但是，以上定义都是从城市竞争力的最终目的进行定义，忽略了城市竞争力的实现手段。基于此，本书希望在前人研究的基础上，专注于城市竞争力的实现途径和手段，这就要求从城市竞争力的直接目的出发进行定义，即思考这样一个问题：城市竞争力究竟竞争的是什么？根据前人的定义，他们全都承认城市竞争力源于生产要素在城市之间的流动，而在产权明晰的条件下，生产要素的流动事实上是生产要素的所有者在追求收益最大化的过程中对其要素的空间使用和支配，如果我们把投资者视为生产要素的调集者，则可以近似地把投资者的投资行为看作生产要素的空间流动。同样城市产出的价值实现实际上也是对人的吸引，即对游客和消费者的吸引，其中游客只不过是一类特殊的消费者，他们直接对城市进行选择。

本书仅研究如何通过塑造城市品牌来提升城市竞争力，但是，城市竞争力概念本身的复合性和多元性决定了城市品牌不可能解决城市竞争力的所有问题，城市品牌作为向外部传输信息的因子，它只能解决城市竞争力的实现途径问题，也即城市如何吸引外部的投资者和生产要素，如何吸引外部的游客和消费者以使其产出价值最大化。基于此，本书仅研究城市的经济竞争力，而且认为：从经济意义上讲，城市竞争力是指一个城市持续不断地吸引外部投资者和消费者的排他性能力。

但这绝不意味着本书认为只有经济决定一个城市的竞争力，一个城市要实现可持续发展，除了经济实力，还需要优美的自然环境和良好的人文环境。但是，这一切都要以经济竞争力为基础，同时，良好的自然和人文环境也会增强该城市的魅力而有助于城市经济竞争力。因此，城市的经济竞争力和其他软要素之间是互相包含、互相强化的关系，绝非非此即彼、互不相干。

另外，从城市竞争力的实现手段出发下定义，能够明确城市竞争的直接目标对象，即外部投资者和消费者。投资者的到来能够带来相应的生产要素、增加就业，并为本市人民提供更多的发展机遇，城市产出的价值实现则依赖于能够吸引多少外部游客和消费者，所以，城市自身所具有的自然和人文景观都可以通过吸引游客的方式而实现其价值。

二、城市品牌及其相关概念

关于城市品牌，目前国内外学术界还没有系统的研究和论述，因此，本书希望在基本的品牌经济学理论基础上，建立一套较为完整的城市品牌理论。其中涉及的相关定义界定如下。

定义1：品类①

品类是指消费者选择某一商品或服务的单一利益点。该单一利益点包括物质利益和情感利益，任何商品都是物质利益和情感利益不同比例的组合。只不过有的商品物质利益更高，而有的商品情感利益更高。

定义2：品牌品类度

品牌品类度是通过测试，测量某商标符号接近一个品类的程

---

① 孙曰瑶、刘华军. 经济永续增长的品牌经济模型. 福建论坛，2006（2）：67–71.

度。我们用 b 来表示品牌品类度，$b \in [0, 1]$。

品牌品类度可以通过对消费者问卷调查的形式进行测量，对于一个品牌，让消费者独立地给出该品牌代表什么品类的回答。回答品类越多，集中度越低，回答品类越少，集中度越高。

显然，$b \in [0, 1]$，也就是说品牌品类度介于 0 和 1 之间，品牌品类度越是接近某个品类，则 b 值越大，反之则越小。同时，一个品牌仅对应一个品类的时候的 b 值要高于该品牌用于 2 个或 2 个以上品类的 b 值，也就是说，当把某个品牌用于多个品类时，b 值会降低，此时，通过测试可以获得具体的数值。

存在有两种极端的情况。

（1）若某品牌在消费者认知中就等同于某个品类，并且没有其他同类竞争品牌，则 $b = 1$。但是，按照我们的研究，目前只有美国 Jeep 车属于 $b = 1$。而可口可乐的 b 值接近于 1，因为该品牌基本上是这个碳酸饮料品类的代名词，然而 b 却不等于 1，因为在可乐这个品类中还有其他的竞争对手存在，如"百事"。

（2）若测试结果表明品牌品类度为 0，也就是说该品牌在消费者心目中不代表任何品类，那么 $b = 0$。此时，即使该品牌目前有销量，也意味着必定要死亡，即使存在下去，也不是作为品牌，而只是作为一件产品。

定义 3：选择成本

即顾客在选购需求时，需要投入一定的时间费用和精神费用。

所谓时间费用，就是消费者鉴别、选购到自己需要商品所花费的时间，将此时间折合成为收入即为时间费用。如果没有品牌，消费者需要在众多产品中选择，则需要花费很多时间。

所谓精神费用，就是消费者选购到商品后，所承受的精神压力。这个精神压力主要是怀疑自己的选购决策是否正确。在选购后，消费者总有一个怀疑期，从而寻找证明自己选购正确的信息。

信用度越高的品牌，消费者的选择成本越低。事实上，在大型超市中，平均有成千上万个品牌，如果没有品牌，消费者要在商品的海洋中，找到自己需要的产品，将是一件极其困难的选择。但是，有了品牌的指引，一切选择变得简单。也正是因为品牌降低目标顾客的选择成本，所有目标顾客才会不假思索的愉快且持久的选购该品牌。

其实，我们认为品类品牌降低目标顾客的选择成本，是亚当·斯密（Adam Smith）分工理论的具体体现。在生产过程中，分工提高了生产效率，而在过剩条件下，品类品牌分工的存在，则提高了消费者的选择效率。

定义4：城市品牌和城市品牌集

目前，城市品牌的概念大都来源于凯文·莱恩·凯勒（Kevin Lane Keller，2014）教授的著作《战略品牌管理》，在该书中，凯勒教授指出，"如同产品和人一样，地理位置也可以品牌化。在这种情况下，品牌是根据某个特定的地理名称确定的。品牌的功能，就是让人们认识和了解这个地方，并对它产生一些好的联想。"但是，好的联想就一定会被选择吗？比如，人们都会对珠穆朗玛峰产生美好的联想，但是，又有多少人能够登上珠穆朗玛峰呢？因此，好的联想如果不符合人们的需求或者为人们力所不能及，就不会被选择。其次，什么是"好的联想"？相信具有不同偏好的人会对此有不同的理解，同样的东西不同的人会对它产生不同的联想，因此，联想本身就具有歧义性。当一样东西具有歧义性时，其被选择与否的不确定性就大大增加，究竟有多少人会产生这样的联想？有多少人会选择它？我们无法做出正确的推断。

国内的学者也对城市品牌给出了不同的定义，目前，关于城市品牌的研究还非常零散，本书仅搜集到中国城市科学研究院副院长赵洪利对城市品牌做出的定义。他认为，"城市品牌是城市生态环境、经济活力、文化底蕴、精神品格、价值导向等综合功能的结构性呈现。城市品牌是城市在功能定位的基础上，确立自己的核心价值，将城市的历史传统、地区文化、民风民俗、市民风范、城市标志、城市特色、经济支柱等要素塑造出可以感受到的'神形合一'的附加值。城市品牌是城市的性质、名称、历史、声誉以及承诺的无形总和，同时也是目标受众对城市产生清晰、明确的印象和美好联想。既是区别于竞争对手的标识，也是城市个性化表现。城市品牌工程基本目标，便是要求达到各个相关要素的最大优化与最佳整合，是以精神文明为主体导向的艺术性操作，是一项复杂精细的系统工程。"

该定义几乎涵盖了城市的方方面面，但是，作为一个定义，显得过于宽泛。首先，没有给出一个实质性的核心概念。这一冗长的定义突出体现了城市品牌的单一性和城市竞争力的多元化之间的矛盾。毕竟，城市作为人类社会、经济的集聚中心，本身就是一个多元化的复合系统，一座城市要完成各种社会、经济和政治功能，要容纳相对丰富的产品体系，更要满足不同消费者对它的多样化需求。该定义无疑是想突出城市品牌的复合性，但是城市品牌作为城市个性化特征的体现，又如何能够把如此复杂的城市系统凝练成一个单一的城市品牌呢？我们无疑让城市品牌承载了太多的东西。其次，这个定义违背了凯勒教授所做的最原始的定义，即城市品牌实际上是当人们想到该城市名称时所产生的联想。在这个最原始的定义中，地理名称只不过是一个名称而已，关键是人们看到或听到这个名称时所联想的事物或情感，如果这个城市名称不能令人们产生联想，则事实上丧失了城市品牌的功能。最后，该定义是一种描述性的定义，而不是从经济学角度所下的定义。

由于城市品牌不同于产品品牌，鉴于城市本身的多元性，城市品牌也应当是一个多维的立体构成。因此，本书从经济学角度提出城市品牌和城市品牌集的概念。

本书借鉴山东大学品牌经济研究中心孙曰瑶教授从经济学角度对品牌所下的定义，给出经济学角度的城市品牌定义：城市品牌是能够与目标顾客达成长期利益均衡，并降低其目标顾客的选择成本的排他性品类符号。简单地说，城市品牌就是外部投资者和消费者选择该城市的排他性理由。

该定义具有以下四层内涵。

（1）城市品牌是一个排他性品类符号。也即城市品牌只有做到品类象征的时候，才有可能为目标顾客提供单一利益点，从而降低目标顾客的选择成本。

（2）城市品牌的核心功能在于降低目标顾客的选择成本。这意味着城市品牌不仅要成为品类的象征，而且必须能够把信息有效地传递给目标顾客，不会在传递过程中发生信息扭曲或失真。只有当目标顾客接收到该信息，接受并认可该单一利益点时，城市品牌对这部分目标顾客才是有效的，才能够降低他们的选择成本。

（3）城市品牌追求的是长期的存续和发展，是持续的竞争力，而非短期的竞争优势。这是城市品牌不同于其他要素的关键点，如果仅仅追求短期利益最大化，则不需要品牌，通过某些策略即可实现，品牌的意义在于长期的永续生存和发展。

（4）城市品牌作用的结果是与外部的投资者和消费者达成长期利益均衡。城市要实现自身价值的最大化，必须满足其目标顾客的需求，使其达到利益最大化，即城市与投资者达到利益均衡，厂商和消费者达成利益均衡。至于在何种情况下能够达成该利益均衡，下文将有论述。

由于外部投资者和消费者的需求的多样性，因此，必须承认城市品牌的多元性，否则，城市品牌就不能满足多样化的需求。那么，又如何理解"外部消费者选择该城市的排他性理由"这个单一利益点呢？其实这二者之间并不矛盾，城市品牌可以是多元化的，但是对于任何一个外部投资者和消费者来说，当他进行选择时，该城市品牌必须为他提供单一的利益点，也即排他性的理由。只有这样，投资者和消费者的选择成本才能够最低。该单一的利益点越清晰，投资者和消费者选择的成本越低，选择的理由也越充分。

下面，给出城市品牌集的概念。城市品牌集（brand set）是指一个城市所拥有的品类品牌的集合，包括投资品牌和消费品牌。如

果我们用 B_i 表示城市品牌集中的单个品类品牌，用 B 表示整个城市品牌集，则二者的关系可以表述为：$B = \{B_1, B_2, \cdots, B_n\}$。

城市品牌集内涵于城市品牌之中，代表了城市品牌的核心内容，不可能存在一个脱离品牌集的城市品牌，如果有，也只是一个虚名品牌。但是，城市品牌并非品牌集中各品类品牌的简单相加，而是相当于各品牌的合力，因此，各品类品牌会相互作用，共同影响城市品牌，城市品牌是所有这些品牌集中的品牌的高度集中体现，它所反映的是一个品类的集合。城市品牌反过来也对所有的品类品牌产生影响。一般来说，城市规模越大，城市品牌集也越大。原因是城市规模越大，其产业结构越复杂，分工越细化，相应地，产品品牌也会越复杂越细化。

一般说来，当消费者选择某一特定品类品牌时，他会直接根据城市品牌集中的品类品牌进行选择。但是，在一个城市生产的众多商品中，不可能每一件商品都可以做到品类品牌的程度，并为消费者认可。所以，当消费者面对的是两个不同城市生产的同质产品时，在信息不完全的条件下，城市品牌便成为消费者选择的唯一理由和产品的品质保证。比如同样的两块手表，价格基本一致，一块是中国某一不知名城市生产的，另一块是瑞士某企业生产的，对消费者来说，这两块手表都各有自有的商标，此时，消费者会选择哪一块呢？大部分消费者会选择瑞士生产的手表，即便该手表价格更高一些；但是，由于瑞士素有生产精良手表的品牌，因此，这里瑞士这一国家品牌代替了产品品牌，成为高品质的保证。

总结上述内容，城市品牌可视为城市品牌集高度发展的产物，这就要求城市品牌集中的各品类品牌尽可能成为最大可能范围的强势品牌。产品品牌的树立是由城市内部各厂商在市场竞争中自发产生的结果，但是，一旦这些产品品牌发展成为一定范围内的强势品牌，并和城市名称相联系，就会形成高度凝练的城市品牌，该城市品牌便可以作用到城市生产的所有相关产品上，提高该城市产品相对于其他城市同类产品的竞争力，进而增加该城市的销售收入、就业和居民福利。可见，城市品牌集中各品类品牌的发展具有很强的正外部性，如果这些品类品牌能升华为城市品牌，该外部性会达到最大。因此，城市品牌在本质上是一种公共品，它对城市内部的所有企业、产品和居民而言具有消费的非竞争性、非排他性。这就为我们判定一个城市名称是否是城市品牌提供了依据，如果该城市名称具有强的公共物品性质，并能显著影响目标顾客的选择行为，则认为该城市品牌已经形成。否则，如果该城市名称对于目标顾客什么也不代表，并不具有公共物品的性质，则该城市不存在城市品牌。

定义5：城市品牌品类度综合指数

城市品牌品类度综合指数是指城市品牌集中各品牌品类度的平均值，它表示一个城市的品牌品类度总体情况。

采用算术平均法受到最大值的影响，即允许城市发展特色，只要一两个高品类度品牌获得成功，不管有多少个不成功的低品类度品牌，也可对城市品牌引力和城市竞争力产生极大的提升作用。虽然在选择时，我们可以漠视那些近似于无差异的商标，但是我们并不否认它们的存在。因此，本书采用更加符合现实的算术平均法计算城市品牌品类度综合指数。假设城市有 m 个品类品牌，b_i 为城市品牌集中单个品牌品类度，则城市品牌品类度综合指数可用公式表示为：

$$B = \frac{1}{m}\sum_{i=1}^{m} b_i \ (0 \leqslant b_i \leqslant 1, 0 \leqslant B \leqslant 1)$$

定义6：城市品牌策略

所谓城市品牌策略，是指使城市的目标顾客认可城市品牌所采取的所有活动或措施。城市品牌策略集合用 S 来表示，可以采取的策略可以概括为产业策略、环境策略、制度策略、传播策略、投资策略和路径策略等等，分别用 S_1, S_2, S_3, S_4, S_5, S_6 表示，则：

$$S = (S_1, S_2, \cdots, S_6)$$

由于策略本身不可以赋值，我们用策略精确度表示策略有助于达到品牌目标的程度。为了分析的方便，我们用 0 表示策略错误，1 表示策略正确，处于 0~1，表示策略的精确度，因此，品牌策略精确度 S 的取值是 $S \in [0, 1]$。

品牌策略精确度是城市品牌成功的保证。品牌策略精确度越高，越能够保证城市品牌的单一利益点准确无误传递给消费者，并且兑现该单一利益点。如果有一项策略失误，即可导致整体品牌的失败，而且会不同程度影响到城市品牌集中的各品类品牌。

定义7：城市品牌信用度

城市品牌信用度是城市品牌承诺作为并做到某个品类的程度。

城市品牌的核心是取得投资者和消费者的信任，这也是目标顾客选择城市或其产品的前提。该信任度取决于两个因素：一是城市品牌综合品类度，该品类度的大小代表城市品牌能否提供给外部目标顾客多个单一的利益点，利益点越单一，目标顾客选择的理由就越充分；二是，仅仅承诺作为某个品类并不能保证城市品牌的成功，要想取得目标顾客的信任，关键还要兑现该承诺。是否能够兑现该承诺则取决于城市品牌策略的正确与否，正确的品牌策略是城市品牌生存的保证，一旦一个策略失误，就很有可能导致整个城市品牌的衰落甚或死亡，其品牌集中的单个品类品牌也会受到不同程度的影响。因此，城市品牌信用度 B_c 是指城市品牌综合品类度与城市品牌总体策略集的乘积 $B_c = B \cdot S$。

三、城市品牌的建设主体

自城市品牌这个概念出现之后，"谁来建设城市品牌"的问题首先成为人们讨论的焦点。在 2004 年中国城市品牌营造论坛上，各位学者就政府、企业、居民三者谁充当城市品牌营造的主角的问题进行了探讨。

按照本书对城市品牌和城市品牌集的定义，城市品牌的建设至少不应该是政府一方面的责任。这里，政府、企业和居民都会自觉或不自觉地参与到城市品牌建设中，只不过，三者各自的定位和职责不同。

首先，城市品牌本身是一项公共产品，强有力的优势品牌不但能直接提升城市竞争力，而且也会惠及城市的所有企业和个人。作为公共产品，政府无可争议地成为城市品牌建设的主体。但是，由于不存在一个脱离城市品牌集的独立的城市品牌，所以，政府也不可能单独挑起城市品牌建设的全部重担。从作用对象看，政府主要通过营造良好的生活环境和商务环境吸引外部投资者和人才，对消费者的作用则往往是间接的。从提供的产品看，政府的作用在于提供城市品牌中的公共产品部分，包括提供良好的基础设施、提高政府部门办事效率、倡导良好的社会风尚、提供安全的治安环境、按照技术质量等统一标准监管市场、保障自由竞争的市场秩序，或者由政府出面组织大型的会展、展销会、组织本市企业在外地的展销会上以统一的区域形象统一布展，为企业发展提供平台等等。这些公共产品和公共服务往往会形成外部消费者和投资者对一个城市的初步总体印象，对城市品牌建设至关重要，但又是一个城市内部的企业和居民个人无力或者是不愿意承担的，需要政府直接提供或间接介入。需要说明的是，即便政府在提供公共产品和公共服务的过程中，也需要遵循市场规律，不可主观臆断、完全靠行政手段行事。

其次，城市品牌集中的各品类品牌才是城市品牌的核心内容，正是它们为外部的投资者和消费者提供了选择的理由。这就决定了企业是城市品牌建设的主导力量，旅游和消费品牌则完全靠企业在市场竞争中自发地产生。政府可以倡导企业的品牌建设，但是，产品品牌是市场竞争的产物，既非政府扶持的结果，更非政府评选的结果。政府在城市品牌建设中的越位主要表现在对企业品牌建设的过多干预，其一是各级政府出面组织名牌评审，殊不知品牌是消费者选择的结果，只有消费者的货币选票才最有说服力，也只有消费者认可的品牌才能保持持久的竞争力；其二是对政府认定的名牌企业给予政策性优惠。

最后，居民也会间接影响城市品牌。尽管居民的行为是无意识的，但是，城市居民的整体素质、行为习俗、精神风貌、价值观念等都构成投资者和游客对该城市的形象认知，因此，居民的行为从细节上潜默性地影响城市品牌，有时候这种影响甚至是至关重要的，它甚至可能影响投资者做出是否投资的决策，也可能影响到游客对该城市的总体评价，这些细节信息会通过投资者和游客的口碑传播，强化或损害城市品牌。目前，城市政府比较注重对企业的引导，却往往忽视对市民的引导和规范，不要忘记，细节决定成败。

在这三个主体中，政府最具有城市品牌建设的自觉意识，但其主要作用在于为城市品牌建设提供良好的平台，提供城市品牌的公共部分；企业在市场竞争中会自发地展开品牌竞争，其在市场竞争中积累的品牌资产形成城市品牌的硬核；居民会无意识地参与城市品牌建设，但其影响不可忽视，因此，政府应做好对居民行为的引导和规范。

本章小结

本章提出了本书研究的基本假设和概念界定。为了简化分析，本书首先做出了两个基本假设。一是生产要素的空间流动性假设，该假设保证了城市竞争的可能性；二是需求的有限性假设，该假设保证了城市竞争的必要性。即由于生产要素能够在不同空间流动，且目标顾客对城市的需求是有限的，这就迫使城市必须参与竞争。在此基础上，对基本概念进行了界定。一是城市竞争力及其相关概念的界定，本书认为，从经济意义上讲，城市竞争力是指一个城市持续不断地吸引外部投资者和消费者的排他性能力。二是界定了城市品牌及其相关概念，包括对品类、品牌品类度、城市品牌品类度综合指数、选择成本、城市品牌和城市品牌集、城市品牌策略和城市品牌信用度等概念的界定，为后文的分析框定了基本的假设条件和相关概念。

第四章 城市竞争力的
品牌机制分析

第一节 城市竞争力的品牌机制静态分析

城市的根本功能在于其集聚功能和扩散功能，从表现形式上看，城市品牌的作用恰恰在于加剧了城市的集聚功能和扩散功能（见图4-1）。

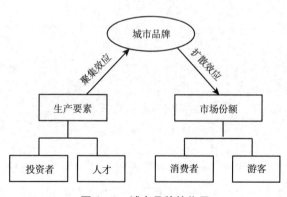

图4-1 城市品牌的作用

资料来源：作者自绘。

城市竞争最终是对人的竞争，包括：投资者、人才、本地产品的消费者和游客。其中，投资者是最关键的竞争对象，投资者进入城市之后，就会带动相关的生产要素流入，不仅如此，他所提供的就业机会吸引人才流入，由此催生管理、技术等知识要素。本地产品的消费者和游客是最终的竞争目标，投资者所生产的产品、服务和本市的优良环境只有推向市场，为消费者和游客所接受，才最终完成城市价值的实现。城市品牌就好像一个投入与产出的转换器。

城市品牌一旦形成强势品牌，便具有一种自我强化机制。城市品牌通过聚集效应吸引更多的生产要素，通过扩散效应占有更大的市场空间，而这反过来强化了城市品牌，进而吸引更多的生产要素、占领更大的市场份额，直至其边界。

区域经济学中把城市经济分为基本部门和非基本部门，其中非基本部门主要用于满足本市的需要，基本部门主要用于满足外地的需要，而一个城市的经济实力强弱，主要看基本部门所占的比重。因此，城市品牌作为与外界目标顾客沟通的桥梁，是城市争取更多的外部资源、占领外部市场的重要因素。

在实践中，城市品牌之于城市的作用已逐渐为人们所认知，但是，其内在的作用机制是什么？现在的研究往往是从城市营销的角度来考虑。事实上，作为理性的经济人，城市外部的投资者和消费者怎么可能仅凭一个符号就做出自己的选择决策呢？或者仅凭一个符号的知名度就做出决策？我们需要对人们的理性选择行为做出更为合理的解释。

一、选择成本与城市品牌

古典经济学研究的经济环境是典型的短缺经济。在短缺经济中，均衡价格这只看不见的手自发地调节供求变化达到均衡，要素所有者的逐利性要求会促使生产要素从低收益部门流向高收益部门，实现生产要素的最优配置。经济遵循的是萨伊定律：供给能够创造自己的需求。因此，在短缺经济中，厂商重点要解决的是生产问题，只要产品生产出来，其价值实现便是理所当然。主流经济学所研究的核心问题是如何通过价格机制提高生产效率，从而实现稀缺资源的最优配置。

但是,当人类社会进入 21 世纪,我们还能够视现在的经济环境为短缺经济吗?显然不能。早在 20 世纪 30 年代,凯恩斯就打破了古典经济学的神话,提出有效需求不足和失业是常态。有效需求不足的另一面就是经济相对过剩。在经济相对过剩的条件下,一方面表现为物质产品极大丰富,面对众多产品,消费者面临巨大的选择障碍;另一方面表现为消费者的某些高层次需求没有得到满足,消费者的需求也存在一个不断进化和分异的特点。此时,厂商所面临的就不仅是如何有效生产的问题,更重要的是如何生产出符合消费者需求的产品并让消费者选择购买。

如今,主要发达国家正在跨越后工业时代进入信息经济时代,信息经济时代不仅仅表现为信息产业的发展,更多的是表现为信息产业对传统产业的渗透,信息跨越地域空间对全球经济的影响,这一进程与经济全球化进程互相推进。所有国家包括发展中国家和不发达国家都无一例外地受其影响,因此,研究我国的城市竞争力问题,就必须考虑到全球的经济环境。尽管我国目前仍处在工业化时期,但是,在全球化背景下,我们所面临的竞争是全球范围内的竞争,必须考虑信息经济对我们的影响。

当人类跨越了后工业时代,物质产品极大丰富之后,信息大爆炸所产生的无处不在的信息资源更进一步加剧了消费者选择的困难,选择成本空前提高。

一个产品可以传递出多种信息,一个具有包容性的城市所传递的信息更是难以计量,若某个投资者想在全球范围内选择一个城市进行投资,且不说为了对每一个城市进行考察所花费的巨额支出恐怕是任何一个投资者所无力承担的,即便该投资者真的考察完了所有的城市,他还要在这些城市中进行两两比较选择,期间所耗费的选择成本也可能会导致该项投资得不偿失。

假设全球有 m 个城市,每个城市有 n 个要素信息,首先,该投资者需要对这 n 个要素进行两两比较并对之赋以不同的权重,最终获得有利于投资的要素组合，则需比较 C_n^2 次。再设每次比较需要耗费单位时间是 t_0，则确定投资的要素权重需要时间为 C_c^0：

$$C_c^0 = t_0 \cdot C_n^2 = t_0 \cdot \frac{n(n-1)}{2}$$

其次，该投资者再对 m 个城市进行两两比较，假设每次比较的时间耗费为 t_1，则该投资者对城市进行选择所需花费的总时间为 C_c^1：

$$C_c^1 = t_1 \cdot C_m^2 = t_1 \cdot \frac{m(m-1)}{2}$$

该投资者所需花费的总时间为 C_c：

$$C_c = C_c^0 + C_c^1 = t_0 \cdot \frac{n(n-1)}{2} + t_1 \cdot \frac{m(m-1)}{2}$$

目前中国有 660 个城市，若某投资者按照此种方法一一考察，仅在城市之间两两比较，假设每一城市需要花费一天的时间进行考察，则需要 $C_c = 1 \times C_{660}^2 = 217470$ 天，大约需要 596 年才能完成全部考察，显然是不可能的。

而事实上，投资者或消费者并没有这样进行选择，现实中他们总是根据一个城市所传递的某种个性鲜明的信息来判断是否选择该城市或该城市所生产的产品。本书认为，这种促使目标顾客选择的信息必定由城市品牌传递出来，换句话说，城市品牌通过提供目标顾客所需要的单一利益点而降低其选择成本，从而成为目标顾客选择的理由。

下面，本书分别就投资者和消费者（游客可以并入消费者行为进行研究）的选择行为来分析城市品牌和城市竞争力的作用机制。

二、消费者选择行为与城市品牌

根据古典经济学，消费者的选择行为仅受价格的影响，但现实生活中，厂商并不总是降价以获取更大的市场份额。事实上，厂商在生产之前就要对即将生产的产品进行定位，即本产品是针对哪些具有偏好的消费者？满足他们什么样的需求？也即品类定位，而品类一旦确定，产品的价格也随即确定。因此，我们假定消费者是在价格一定的条件下，寻求选择成本的最小化。

该假设条件并没有打破古典经济学的需求定律。行业需求曲线仍然是一条向右下方倾斜的曲线（见图4-2）。在一般情况下，需求定律都起作用，即价格下降，则需求量上升。

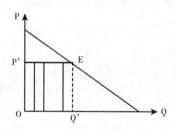

图4-2 消费者选择行为与城市品牌

资料来源：作者自绘。

但是，厂商通过品类定位选择在整体需求曲线的某一点上进行生产，从而确定价格 P'，从图4-2可以看到，价格一旦确定，与之相对应的市场需求量也就一定，即该品类所对应的市场容量为 OQ'。那么，该厂商所可能获得的最大收益为矩形面积 $OQ'EP'$。

事实上，厂商不大可能获得整个市场份额，因为一个品类虽然只能对应一个价格，但是，一个价格水平却可能对应多个品类。这样，同一价格水平的多个品类会对整个市场份额 OQ' 进行分割，每一种品类能占据多大的市场份额又取决于具有该种偏好的消费者数量有多少，因此，不同品类会比较稳定地占据一定的市场份额，它们之间不可能也没有必要进行价格竞争。同时，即便在一个品类中，也很少有一个厂商能独占一个品类，在这一个品类中，可能存在多个厂商进行竞争。这样就把市场 OQ' 分为 x 份。那么，又是什么决定了消费者在这些产品之间的选择？是什么决定了某一个厂商在该市场总容量中占据的份额呢？

根据理性经济人假设，消费者总是追求效用最大化，由于效用难以明确表达消费者的收益，因此，这里用净收益表示。

假设消费者从某一品牌中获得的收益为一定的物质利益和情感利益之和，即 $R = R(M, E)$，在交易费用一定的情况下，其所花费的成本包括支付的货币价格 P 和选择成本 C_c。消费者的净收益可以用公式表示如下：

$$NR = R(M, E) - P - C_c$$

根据品类选择假设，消费者选择的实际上是品类，品牌不过是品类的代表而已。因此，从需求角度看，消费者同样是先确定品类，然后再选择品牌。所以说，品类一旦确定，即消费者的收益已定，为 $R(M, E)$；同时，品类一定，商品的价格也即确定，即 P 为已知。在 M、E、P 一定的条件下，消费者要实现净收益最大化，即 $\mathrm{Max}(NR)$，只有选择成本 C_c 最小。

此时，求净收益最大化 $\mathrm{Max}(NR)$ 的问题，就转化为求选择成本最小化的问题，即求 $\mathrm{Min}(C_c)$。那么，又是什么因素决定了选择成本 C_c 呢？

假设消费者已经花费了一定的交易费用，获取了一组包含价格信息在内的品牌信息，消费者要从中选择能够满足自己需要的品类产品，其所花费就是选择成本 C_c。显然，哪一个品牌能够成为该品类的代表，消费者就会毫不犹豫地选择该品牌。因此，选择成本是品牌品类度的递减函数，即 $C_c = f(b)$，$\dfrac{\partial C_c}{\partial b} < 0$。品牌品类度越高，即 $b \to 1$，代表的利益点越单一，其选择成本越低，因为消费者已无须再在各产品之间进行两两对比，而只需直接选择该品牌即可。理想状况是品牌成为品类的代名词，也就是品牌所传递出的品类信息能够有效地降低消费者的选择成本，从而成为消费者的选择。

因此，当消费者对一个城市进行选择时，实际上是对该城市所生产的产品进行选择。当城市品牌集中包含多个品类品牌时，就能够满足多个具有不同偏好的消费者的需求，成为消费者选择购买的唯一理由。特别是当消费者对产品本身不了解的时候，城市品牌很可能就成为产品品类的保证，在消费者不能获得更多信息的条件下，消费者会根据自己对城市已有品牌的认知对该城市所生产的产品做出大体的判断，进而做出是否购买的决定。

总结上述分析，城市品牌作用于消费者的机制是：城市品牌集里的消费品类一定，则所能满足的消费需求一定，价格也随即确定，这二者结合便决定了同时具有购买意愿和购买能力的消费需求。辅以精确的品牌策略，便可以保证消费者选择成本最低，成为消费者购买的理由。

三、投资者选择行为与城市品牌

城市品牌对投资者选择行为的作用机制类似于对消费者的作用机制。由于城市不同于其他的商品，城市本身是一个空间概念，它总是位于某一特定的地理位置，具有各异的区位特点。区位差异的排他性就决定了不同城市的区域经济（收益减去成本）不同，从而吸引的投资者必定是不同的。在区域经济一定的条件下，不同城市具有不同的规模等级、经济发展水平、政府管理模式、历史文化和传统习俗等，投资者对它们的偏好也是不一致的。

这样，在城市区位一定的条件下，一个城市对其内部的各种要素进行不同组合，就会形成不同的投资品类品牌。在这里，一旦品类品牌确定，投资者进入一个城市投资的货币成本是一定的，这个成本可以用最低投资额来衡量，类似于消费者为购买商品所支付的价格。

投资者对城市的选择行为可由图4-3表示。图4-3中纵轴表示投资者进入一个城市投资的最低投资额，横轴表示投资者人数。曲线dd是一条投资者对城市的投资需求曲线，随着进入一个城市投资的门槛即最低投资额的降低，投资者对城市的投资需求增加，表现为投资者人数增加，这和消费者的需求规律是一致的。如果城市竞争中遵循这条规律，结果将是各个城市竞相降低投资门槛，给予投资者各种优惠，最终形成以价格为手段的双输竞争。改革开放以来，我国许多城市在招商引资过程中就形成了这种局面，鉴于现有的政绩考核体系，政府官员仅把招商引资额看作政绩的一种体现，根本没有顾及招商引资后的社会收益问题，更不用说提升城市竞争力了。

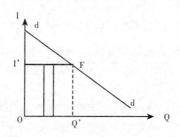

图 4－3　投资者选择行为与城市品牌

资料来源：作者自绘。

　　通过建设城市品牌，对各种品牌经济要素进行不同组合，可以形成不同的投资者品类品牌，该品类的确定，不仅仅是限定一个投资额的问题，更重要的是给投资者确定一个未来的盈利空间。一般来说，投资成本越高的城市，可能获得的潜在收益也越高，一个城市一旦确定了自己的投资者品类，就意味着同时确定了投资者的进入成本和预期收益，满足不同层次、不同类型的投资者需求。能够满足该种需求的单一利益点越明晰，对投资者的吸引力也越大，因此，城市能够做的事情不是一味地向投资者宣传本市的投资成本低，而是要确定不同的品类以供投资者选择。

　　在图 4－3 中，如果某一城市确定了一个投资者品类，其对应的进入成本为投资额 I'，那么，能够满足 I' 的投资者数量就是一定的，其总量为 OQ'。又由于进入成本为 I' 的投资者品类可能有多个，在投资额一定的情况下，不同的投资者品类所对应的成本和收益（该成本与收益可能是物质的，也可能是精神的）也可能是不同的，因此，即便在投资额一定的情况下，投资者依然会在各城市之间进行选择，也就是选择各自所偏好的品类。最终，该城市所确定的投资品类就只能获得一定的投资者数量，以及相应的投资额。

总结上述分析，城市品牌对投资者的作用机制在于：在投资者数量一定的情况下，如何确定一个投资者品类，并附以精确的城市品牌策略使该品类信息准确无误传递给投资者，以最大限度地降低投资者的选择成本，从而吸引该类型投资者。

第二节 城市品牌与城市演进的动态分析

基于上述微观静态分析，接下来，本书从历史角度考察城市品牌与城市演进的动态变化，以进一步揭示城市品牌与城市经济竞争力的关系。

聚集经济一般用单中心的同心圆城市来解释城市的形成、规模和功能分区。但是，当考虑相邻城市的竞争时，城市的规模、结构以及不同城市的相对地位和功能划分会发生什么变化呢？下面以两个单中心同心圆的城市竞争为例，来说明这一问题。

一、传统城市发展与区位选择理论

假设有两个城市 A 和 B，城市 A 比城市 B 拥有更丰富的资源，其他如规模、区位条件等各方面都相同。则 A 城市相对于 B 城市具有比较优势，投资于 A 城市所获利润 π_A 大于投资于 B 城市所获利润 π_B，即 $\pi_A > \pi_B$。于是，厂商会根据利润最大化原则把厂址选址在 A 市，随着厂商的流入和各种生产要素的聚集，就业机会增加，会有更多的人到城市 A 定居，产生集聚经济效应。

再假设，随着集聚经济效应的增大，在 A 城市生产受益于规模经济而进一步降低成本，同样的产品在 A 城市生产所费成本小于 B 城市，即 $C_A < C_B$。

在产品同质化假设下，消费者仅根据价格选择是否购买，A、B 两城市的销售区域仅取决于各自的价格。又由于存在运输成本，所以，产品总成本中必须考虑随着距离增加所增加的运输成本（如图 4 - 4 所示）。

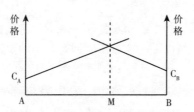

图 4 - 4　同质化产品的销售区域

资料来源：孙曰瑶．自主创新的品牌经济学研究［J］．中国工业经济，2006（04）．

A 城市的产品向区位 B 运输，其总成本为：$P_A = C_A + rL_{AB}$

B 城市的产品向区位 A 运输，其总成本为：$P_B = C_B + rL_{BA}$

在距离衰减原理的支配下，随着运输距离的增加，从一个城市销售到另一个城市的销售量会由于运输成本的增加而逐渐减少。A、B 两城市价格线相交处即为两个城市的最大销售区域或边界。在产品同质无差异假设下，可假设两个城市具有相同的需求函数 $Q = f(P)$，则：

$$Q_A = f(P_A)$$
$$Q_B = f(P_B)$$

当 $Q_A = Q_B$ 时，$P_A = P_B$，决定 A、B 两城市的销售区域分界线。

即：$C_A + rL_{AB} = C_B + rL_{BA}$

由于 $C_A < C_B$，可得 $L_{AB} > L_{BA}$，所以 A 城市的产品销售区域大于 B 城市产品的销售区域。

同样，我们根据该模型还可以得出以下结论：

如果 $C_A > C_B$，可得 $L_{AB} < L_{BA}$，A 城市的产品销售区域小于 B 城市产品的销售区域。

如果 $C_A = C_B$，可得 $L_{AB} = L_{BA}$，A 城市的产品销售区域等于 B 城市产品的销售区域。

在不受行政区划强制性约束的条件下，随着集聚经济效应的增加，城市 A 的规模会扩大，而城市 B 则受到侵蚀，规模逐渐缩小，直至 A 城市发生集聚不经济。这里，厂商纳入其生产函数的主要是要素禀赋、运输费用和市场需求规模等因素，居民纳入其效用函数的是就业和收入等。从而，一个城市所拥有的天然要素禀赋和区位条件就决定了一个城市的竞争优势和其在竞争中所处的地位。因此，城市之间是不需要竞争的，或者说城市在竞争中没有主动权，因为城市的地位是天然决定的，所以，城市只能坐等厂商与居民的到来。

但是，传统的区位选择理论有一个暗含的假设前提，即信息是完全的，所有厂商和个人对两个城市的所有信息都了如指掌。在人类社会发展漫长的历史时期，城市的发展似乎的确遵循着上述原则，即使信息事实上是不充分的，但由于城市的区位条件和要素禀赋等竞争优势是确实可见的，在当时的技术条件下，这些优势直接决定了城市生产的产品特色及其生产成本，进而决定生产效率。因而对其周围的潜在厂商或居民来说，关于该城市的信息总会通过各种渠道传递出来。但事实上，如果把城市竞争的范围再扩大一些，自古以来，世界各国几乎都有过派使节带着本国的特产出使他国的情形，虽然其似乎是出于政治上的考虑，向别国传达本国繁荣富强的信息，使其臣服于自己，但事实上，政治和经济往往是很难区分、交缠在一起的。盛唐时期，长安就吸引了世界各国的商人来这里交易。

二、现代城市竞争与城市品牌

如今，城市的发展已超出了传统区位理论的解释范畴，比如，为什么有些资源贫乏的城市会表现出更强的竞争力？为什么有些依优越的自然区位建立起来的城市会衰败，而有些依然兴盛？

（一）现代城市竞争的简要背景

现在，我们假设随着城市化进程，城市的数目增多，一个城市体系中有 N 个城市，并且放松传统区位论的假设，使之更加贴近于现实经济，并勾画出现代城市竞争的简要背景。

1. 生产要素的流动性增强迫使城市参与竞争

由于交通、通信技术的进步和经济全球化的影响，运输成本下降，各种生产要素的流动性大为增强，这意味着厂商可以在更大范围内选择投资地，同时也意味着城市的比较优势不再等于其竞争优势。无论城市愿意与否，都必须参与竞争中来，这是一场不进则退的比赛，如果不能吸引外部需求者，则本市的投资者甚至居民都会向外迁移，尽管这个过程可能比企业的破产倒闭要缓慢地多。那么，城市如何在竞争中胜出呢？

2. 信息不完全为城市竞争力提供了条件

城市数量增多和经济活动复杂化导致信息不完全，为城市竞争提供了条件。如果说，在传统城市发展中，由于运输技术的限制，信息是否完全对于厂商来说意义不大（因为，即便信息是完全的，但是受制于运输条件，厂商的选址范围也会大受限制），加上城市数量较少，可以对信息不完全忽略不计；那么，当城市数量足够多且交易活动日益复杂时，就必须考虑信息不完全的事实。在信息不完全的条件下，城市就有可能主动地向外部需求者（包括投资者和消费者）传递有关城市的信息，以吸引需求者。更重要的是，随着现代通信技术的进步，信息更多地表现为过剩，过多的信息妨碍了人们的选择效率。问题是，在信息过剩的同时，存在着更大的信息不完全，人们在大量的信息面前不知所措，哪些是自己需要的？自己需要的信息在哪里？此时，信息筛选即信息选择远比信息本身更为重要。人们通过信息过滤和筛选选择出有效信息，并依据信息做出各种决策。信息总会通过各种符号形式表现出来。品牌是什么呢？品牌在表现形式上也是一种符号，因此，城市通过品牌可以向人们传递信息，并提高人们的选择效率，影响投资者和消费者做出决策。

3. 产品的可替代性增强也迫使城市参与竞争

随着城市数量的增加，在同样面积的土地上，城市的密度增加，从而形成城市带或城市圈，即形成城市群。在城市群内，可能存在大量自然禀赋等条件相似的城市，这些城市之间会存在激烈的竞争，因为它们的区位条件和资源禀赋大体一致，所以所吸引的投资者也大致相同，由于产业结构的同质化，因此所生产的产品具有高度同质性或可替代性。当产品具有高度可替代性同时需求又一定的情况下，城市必然为争取一定的需求展开竞争。因为，随着技术进步和劳动生产率的提高，经济过剩和有效需求不足表现为常态，一个城市的生产率越高，其生产的产品完全自己消费的可能性就越小，城市要在竞争中生存并壮大，必须拓展外部市场。又由于产品本身的可替代性增强，所以，要想让外部消费者选择本城市，必须寻求其他的差异化，关键是要让消费者认为具有差异。那么，在物质实体同质化的情况下，只有信息可以产生差异，城市可以对不同的产品赋予某种特定的信息，使之符合消费者的需求，并影响消费者的选择行为。

4. 品牌是分工演进的结果

经济学开山鼻祖亚当·斯密在其巨著《国民财富的性质和原因的研究》中指出，劳动分工提高生产效率，而生产效率是增进一国财富的源泉。的确，在人类社会漫长的历史中，劳动分工日益细化，越是经济发达的国家，劳动分工越为细致。这种劳动分工同时也表现为地域分工，最初是由于自然区位条件和资源禀赋的不同产生自然的地域分工，从城市产生初始，这种地域分工就天然存在。之后，随着技术进步和竞争的加剧，劳动分工日益细化，经历了一个从产业间分工到产业内分工，再到产品内分工的过程。北京大学中国经济研究中心的卢锋认为，产品内分工"是特定产品生产过程不同工序或区段通过空间分散化展开成跨区或跨国性的生产链条或体系，因而有越来越多国家参与特定产品生产过程不同环节或区段的生产或供应活动。"① 然而，这只是产品内部的纵向分工。本书认为，产品分工应当包括具有高度替代性的产品之间的横向分工，

---

① 卢锋. 产品内分工：一个分析框架（讨论稿）. 北京大学中国经济研究中心，http：//www. cenet. org. cn/download/15766 – 1. pdf。

即针对具有不同偏好的消费者进行的市场细分分工，产品内的横向
分工导致了品牌的出现。同时，产品内纵向分工细化的结果导致城
市之间的依赖性增强，一个城市不可能脱离其他城市独立存在，但
是自身也必须提供让其他城市可以依存的条件，否则，该城市便不
具有存在的理由。分工细化还导致了对消费需求的市场分割，分工
越为细化，市场分割的份额就越小。此时，要想依然获得规模经济
的好处，就必须在更大范围内开拓市场，因此，城市必须在世界范
围内参与竞争。

（二）现代城市竞争模拟分析

在此背景下，下面分别分两种情况考查 A、B 两城市之间的
竞争。

第一种情况，同上例，仍假设 A 城市相对于 B 城市拥有更丰富
的资源禀赋，除此之外，两城市的区位、规模等硬要素完全相同。
显然，如果 B 城市生产和 A 城市同样的产品，其结果必然是传统城
市竞争的结果，但是，如果 B 城市的厂商能率先开辟一个新的品
类，并采取适当的策略，培育品类品牌，则可以摆脱价格竞争的劣
势，在价格一定的条件下，具有该种偏好的消费者都会选择该品类
品牌。假如 A 城市看到 B 城市推出该品类品牌之后，也模仿推出该
品类，是否会吸引更多的消费者呢？未必会成功。由于一个品类只
对应一个价格，在价格一定的条件下，只要 B 城市的品牌兑现了其
对消费者的承诺，则消费者选购该品牌的成本即为最低，即达到了
消费者利益最大化。此时，即便 A 城市也跟进推出该品类的另一品
牌，要让消费者放弃 B 品牌转而选择 A 品牌，则存在一个转换成
本，于是，基于成本最小的原则，消费者仍会选择 B 品牌。因此，
只要城市具备品类指导下的创新意识和创新能力，即便自身资源禀
赋缺乏，也能够获取持久的竞争力。

IMD 的研究报告中就明确指出，一个国家可能是富有的，但是
却缺乏竞争力，一个资源贫乏的国家却可能更富有竞争力。迈克
尔·波特在国家竞争优势中区分了比较优势和竞争优势，指出具有

比较优势的国家往往太过依赖于资源而缺乏竞争优势，相反，某些在要素禀赋上处于劣势的国家反而更有动力进行创新，从而获得更为持久的竞争优势。日本即为一个典型的例子，日本地少人多，除了木材之外，其他矿产资源极其贫乏，但是，日本却可以通过与欧美发达国家相反的品类品牌创新获得家电产业的竞争优势。比如，美国生产体积大的落地式电视，日本就生产便携式电视；美国生产大体积、高油耗的轿车，日本就生产小体积、低油耗的经济型轿车；美国生产功能齐全的 CT 机，日本就生产功能单一的 CT 机。正确的品类创新策略，再辅之以丰田模式为代表的精益管理技术，日本在 20 世纪 70 ~ 80 年代获得了前所未有的辉煌。而日本国内生产所需的铁矿石、石油等原料均从澳大利亚等国进口得到满足。

第二种情况，仍假设 A 城市相对于 B 城市拥有更丰富的资源禀赋，但是，假设 B 城市比 A 城市更接近市场。也就是说，A 城市富有资源优势，而 B 城市具有区位优势（假设 B 城市生产所需原材料全部来源于 A 城市）。如果两城市生产的是替代性极高的产品，这些产品仅存在商标的差异，除此之外，可类似地看作同质产品。则可以肯定地说，B 城市相对于 A 城市具有更强的竞争力。由于 B 城市靠近市场的优势使该城市内的投资者更加接近消费者，这一方面使厂商能够更加了解消费者的需求，及时灵活应对市场的变化，另一方面，由于消费者首先接受当地的商标，由于转换成本的存在，消费者不会轻易放弃原有的选择而改选其他商标。与此相对应，投资者投资于 B 城市会获得更高的利润，因此，投资者也更倾向于选择 B 城市。

此时，要想使消费者改变选择行为，除非 A 城市的产品能够提供更低的价格，或者提供一个新的品类，该品类和 B 城市的产品不具有替代性。事实上，第一种方案是不可行的，虽然 A 城市具有低生产成本优势，但是，要到 B 城市开拓市场，需要花费巨额品牌营销投入，在高投入的情况下，很难长期维持竞争低价，一旦价格恢复正常，消费者的选择行为也会随之恢复原有模式。最终的结果是，A 城市成为 B 城市的资源供给者，靠给 B 城市输送资源和原材料而维持生存，一旦 A 城市陷入这种局面，会形成恶性循环，A 城市向 B 城市输送原材料，B 城市生产具有高附加值的产品，这些产品除了 B 城市自己消费外，还销售到 A 城市，这样，通过一次贸易，A 城市就会产生亏损。如果 A 城市发现自己在贸易中受损，将会提高原材料价格，希望通过原材料销售获取更高的收益，但是，原材料价格上涨后，B 城市会进一步提高产成品售价，最终 A 城市每一次能源或原材料涨价，受损害的都是自己。

目前，我国西部大部分地区就处在类似的境地，由于东部地区较早受到市场经济的洗礼，东部地区企业的品牌意识已经觉醒，这些品牌行销全国甚至全世界，而西部地区要想在同一品类上进行竞争很难获得成功，唯一的途径就是缔造自己的品类品牌，走差异化竞争的道路。事实上，我国西部地区也有一些优秀的品牌产品，它们大部分都是依据自己特有的比较优势开创出难以模仿的品类品牌获得的成功，如贵州茅台酒品牌价值 1175.45 亿元人民币，在全国品牌价值排行榜中列第 21 位，四川长虹、宜宾五粮液也都名列前茅。①

不可否认，在现代城市竞争中，区位条件等天然要素禀赋仍然是不容忽视的因素，但是至少有一点可以肯定，城市在新一轮竞赛中的主动性大大增强，无论是资源禀赋欠缺的城市，还是区位条件不佳的城市，都可以通过开辟新的品类吸引更多的投资者和消费者，为本地产品开拓市场。

三、城市竞争等级序列与城市竞合

城市竞争是有序列等级的，一般只有同等级的城市之间才会发生激烈的竞争，而高等级城市和次级城市之间则更多地表现为产业链的转移和劳动地域分工合作，以及与之相应的城市功能的分级。

---

① 世界品牌实验室. 2016 中国 500 最具价值品牌. http：//brand. icxo. com/meeting/.

（一）竞争会使城市处于不同的序列等级

竞争会使城市处于不同的序列等级，其核心表现为产业链条的转移和城市功能的高级化。一旦一个城市成功地确立了个性鲜明的城市品牌，率先占据消费者的头脑，该城市在竞争中便具有了占先优势，其周围的城市则丧失了这种优势。通过品牌的自我强化机制，该城市有可能形成中心城市，进入更高一级城市序列的竞争行列。随着中心城市的发展，会发生产业链条的转移，普通加工业和部分制造业转移到地价和工资相对低廉的次级城市，而中心城市则充分利用其聚集效应致力于发展第三产业，尤其是金融、文化等高级服务业。此时，一方面，高效率的服务业使中心城市成为很多强势品牌的经济管理和控制中心，腹地范围扩大，另一方面，生产和制造中心转移后，中心城市的生活环境质量得到改善，从而吸引高收入者，重新成为人居中心。次级城市积极承接产业链条的转移，作为腹地的支撑作用也得到强化，中心城市和周围次级城市的相互依存加强，也就是城市群的崛起。

（二）城市序列等级的动态性

竞争本身是一个动态过程，由于聚集经济到聚集不经济，中心城市有可能衰落，而低等级的小城市也可能由于条件的改善而强盛（如 20 世纪六七十年代西方中心城市的空心化和 80 年代后期中心城市的重新兴起）。所以，城市之间的竞争是常态，城市品牌的塑造也不是一日之力。

（三）城市之间通过城市品牌错位定位可以达到共赢

即使同等级的城市之间也不完全是竞争关系，通过城市品牌错位定位，可以达到共赢。每一个城市都应认清自己所处的等级，认清自己的竞争对手和品类定位，这一点对中国的城市尤其重要。

因此，城市品牌是随着城市竞争而产生的。以上分析都以城市品牌定位合理准确为条件，同时这些机制也决定了城市品牌定位的基本原则。

第三节　中国产品品牌的空间分布

——品牌经济与城市竞争力
关系实证分析

　　前文对城市品牌和城市经济竞争力的相互作用机制进行了理论分析。在实践中，城市品牌的提法也如火如荼。如上海打造国际金融贸易服务中心；苏州实施错位发展战略，通过新加坡工业园区和苏州新区的建设打造以电子工业为主的制造业基地及与之相关的研发中心；石家庄打出了中国药都的品牌，力图建立一座医药之城；武汉则致力于打造中国光谷；温州正在为建设国际性轻工城而努力；呼和浩特则因地制宜建设中国乳都。

　　虽然对于发展品牌经济之于提升城市竞争力的重要性已为人们所认同，但是，品牌经济和城市竞争力的关系究竟如何，还缺乏理论上的实证分析。因此，下面通过研究中国产品品牌的空间分布，对品牌经济和城市经济竞争力的关系做一实证分析，并揭示出品牌经济对于提升城市竞争力的规律性的因素，为品牌经济的发展提供理论依据。

一、品牌经济与城市竞争力关系的总体分析

　　本书采用世界品牌实验室公布的 2016 年《中国 500 最具价值品牌》，入选的品牌主要是产品品牌和企业品牌，由于大多数产品品牌和企业品牌是一致的，所以，文中一律简称为"品牌"。除此之外，其他品牌则明确点明。城市竞争力数据则采用倪鹏飞主编的《中国城市竞争力报告 No. 15》公布的 2016 年中国城市竞争力排名。由于资料所限，收集到 500 最具价值品牌中的前 457 个，由于原始资料中有三个空缺，得到有效品牌个数 454 个，这些品牌分别属于 111 个城市。

　　首先，根据《中国 500 最具价值品牌》整理出每一个城市拥有的品牌数量，用 SPSS 统计软件对城市品牌进行排序，然后按照城市竞争力指数和品牌数量对城市进行分类，把这 110 个城市共分为 5 大类，结果如表 4 - 1。

表 4 - 1　　产品品牌与城市竞争力的总体关系

品牌数	竞争力																	合计	各类城市数占城市总数的%
	0.2以下		0.2~0.3		0.3~0.4		0.4~0.5		0.5~0.6		0.6~0.7		0.7~0.8		0.8~0.9				
	城市个数	占该类城市的百分比(%)	城市个数	百分比(%)	城市个数	百分比(%)	城市个数	百分比(%)	城市个数	百分比(%)	城市个数	百分比(%)	城市个数	百分比(%)	城市个数	百分比(%)	城市个数	
1	45	77.6	12	20.7	1	1.7											58	52.3
2-3	6	29	9	42	6	29											21	18.9
4-10			7	28	14	56	4	16									25	22.5
10-20							1	25	3	75							4	3.6
20以上									1	33.3			1	33.3	1	33.3	3	2.7
合计	51	45.9	28	25.2	21	18.9	5	4.5	4	3.6			1	0.9	1	0.9	111	100

说明：表中最后一列的百分比为每一大类城市个数占样本城市总数的百分比；其他各列的百分比均指每一大类中各类城市个数占该大类城市总数的百分比。因此，只有最后一列百分比相加之和等于100%；其他各列百分比都不能相加，而是各行相加等于100%。

从表 4 - 1 中可以看出：

（1）品牌数量和城市竞争力之间是正相关关系，但是随着城市拥有品牌数量的增加，城市竞争力呈现出非线性的、阶梯式的递增。拥有一个品牌的城市 45 个，占城市总数的一半以上，而且大多数城市的竞争力不强，城市竞争力指数都在 0.2 以下。拥有 2～3 个品牌的城市的竞争力跃升至 0.2～0.3；品牌数量达到 4 个时是一个关键性的转折点，此时，城市竞争力明显增强，开始出现竞争力指数大于 0.4，且摆脱了低层次的竞争，这一类城市中没有一个竞争力指数小于 0.2 的；当品牌数量超过 10 个时，城市将在竞争中占据明显优势，75% 以上的城市的竞争力指数越过了 0.4～0.5 这个阶梯，直接进入 0.5 以上的高层次竞争；当品牌数量达到 20 个以上时，城市将把竞争对手远远抛在身后，这一类中 66% 以上的城市越过了 0.6～0.7 这个台阶，竞争力指数达到 0.7 以上，遥遥领先。

（2）从表中最后一列"合计"栏和最后一行"合计"栏中可以发现，随着城市竞争力的提升，城市数目减少，但每个城市所拥有的品牌数增加，表明城市拥有的品牌数量随着城市竞争力的提升，呈现出类似于城市分布的"位序—规模"分布规律。这意味着城市竞争也是有序列等级的，一般只有同等级的城市之间才会发生激烈的竞争，而高等级城市和次级城市之间则更多地表现为产业链的转移和劳动地域分工合作，以及与之相应的城市功能的分级。

（3）表中显示，拥有品牌数量不足 4 个的城市占城市总数的 71%，说明中国的大部分城市仍处在低层次的竞争之中。同时，城市拥有的品牌数量在 4～10 个时，城市竞争力的差异不大，大部分竞争力指数都在 0.3～0.4，这表明当品牌数低于 10 个时，虽然品牌数量的多少可以作为城市竞争力的体现，但是，反过来，品牌对城市竞争力提升的作用差别不大，说明除了产品品牌之外，还有其他影响城市竞争力的重要因素。

二、中国产品品牌的空间分布

为了对品牌经济与城市竞争力的关系做更加细致的考察，下面，本书分别就以上五个大类的品牌空间分布进行分析。

（1）第一类是拥有 1 个品牌的城市，该类城市共计 58 个，占样本城市总数的 52.8%；品牌数 58 个，占总数的 12.8%（见表 4-2）。[①]

表 4-2　　　　　　　拥有 1 个品牌的城市的空间分布

区域	竞争力指数			品牌数合计
	0.2 以下	0.2~0.3	0.3~0.4	
华东	安徽（亳州、阜阳） 山东（德州、滨州、聊城） 浙江（丽水、衢州） 福建（南平） 江西（景德镇）9	安徽（合肥） 山东（淄博、济宁） 浙江（嘉兴） 江苏（扬州、镇江、泰州） 福建（莆田）8		17
华北	河北（邯郸、承德、张家口） 山西（汾阳、运城、长治）6	河北（秦皇岛、唐山）2		8
华南	广西（梧州、贵港） 广东（潮州） 云南（玉溪、曲靖）5		广东（中山）1	6
中西部	四川（宜宾、绵竹、遂宁） 贵州（仁怀） 新疆（昌吉） 宁夏（吴忠） 河南（安阳、新乡、漯河、许昌、周口、焦作） 甘肃（兰州） 陕西（咸阳） 湖南（吉首、常德、株洲）17	四川（绵阳）1		18

[①]　表 4-2~表 4-6 中，每个区域或城市后的数字表示该区域或城市拥有的品牌个数。

区域	竞争力指数			
	0.2 以下	0.2 ~ 0.3	0.3 ~ 0.4	品牌数合计
东北	吉林（敦化、吉林、通化） 黑龙江（伊春） 辽宁（营口、辽阳） 内蒙古（鄂尔多斯、赤峰）8	辽宁（鞍山）1		9
品牌数合计	45	12	1	58

这类城市的总体特征是城市竞争力较弱，其中近80%的城市竞争力指数都在 0.2 以下，而且还有 17 个城市根本没有进入前 200 个城市排名。从品牌价值和排名看，除了玉溪的红塔山、绵阳的长虹等少数几个品牌外，这些品牌价值普遍在 100 亿元人民币以下，排名比较靠后。

从空间分布看，竞争力指数在 0.2 以下的城市中，有 27 个属于中西部地区和东北老工业基地，这些地区城市拥有的品牌数量少，而且品牌在城市之间的分布非常分散，没有形成具有竞争力的区域品牌和产业品牌，多数都属于单一的产品品牌，集聚作用不明显。拥有一个品牌但竞争力稍强的城市大都集中在华东地区，属于东部较为发达的省份。中山市无疑在该类城市中特别突出，虽然该市只有一个品牌，但是由于其地处珠三角，受珠三角区域品牌的影响较大，况且，大中山本就构成珠三角的三大都市圈之一，如果考虑包括珠海在内的大中山都市圈，则它们互为依托，珠海有 4 个品牌，加上中山的一个，共计 5 个品牌。区域优势显现，因而竞争力较强。

（2）第二类城市拥有 2 ~ 3 个品牌，这类城市共计 21 个，占城市总数的 18.9%，共拥有品牌 52 个，占品牌总数的 11.5%（见表 4 - 3）。

表4-3　　　　　　　　拥有2~3个品牌的城市的空间分布

区域	竞争力指数			品牌数合计
	0.2以下	0.2~0.3	0.3~0.4	
华东	江苏（盐城）2 山东（聊城）2	安徽（芜湖）3 浙江（台州、金华）4 江苏（徐州、南通）4	江苏（常州）2 山东（威海）2 江西（南昌）3	22
华北	河北（保定）3		河北（石家庄）2	5
华南	广东（汕头）2	云南（昆明）2 广东（江门）2 广西（柳州）3	广东（东莞）2	11
中西部	四川（泸州）2 贵州（贵阳）3			5
东北		内蒙古（呼和浩特）3	吉林（长春3、沈阳3）6	9
品牌数合计	14	21	17	52

　　这类品牌在各地区的分布较为均匀，但分布重心明显从中西部转向了华东和华南地区，城市竞争力指数大都在0.2~0.4，在城市竞争力排名中处于中等水平。值得注意的是，虽然中西部和华北地区的泸州、贵阳和保定分别拥有2~3个品牌，但是竞争力仍然不强，说明城市之间的相互依托和区域的整体发展水平对单个城市的竞争力起到严重的制约作用。

　　（3）第三类是拥有4~10个品牌的城市，这类城市共计25个，占城市总数的22.7%，共拥有139个品牌，占品牌总数的30.8%（见表4-4）。

表4-4　　　　　　　拥有4~10个品牌的城市的空间分布

区域	竞争力指数			品牌数合计
	0.2~0.3	0.3~0.4	0.4~0.5	
华东	山东（潍坊）4 福建（泉州）7	山东（济南4、青岛9、烟台6）19 福建（福州）4 浙江（温州、绍兴6）12 江苏（南京）10	江苏（无锡4、苏州6）10 福建（厦门）6	72
华北			天津6	6
华南	海南（海口）4	广东（惠州4、珠海4）8		12
中西部	陕西（西安）4 河南（郑州）4 重庆7	湖南（长沙）4 四川（成都）10 湖北（武汉）8		37
东北	黑龙江（哈尔滨）6	辽宁（大连）6		12
品牌数合计	36	81	22	139

　　这类城市的竞争力明显增强，竞争力指数超过0.3的城市18个，它们拥有103个品牌。这说明当品牌个数超过4个时，品牌本身开始产生集聚作用，并直接影响到一个城市的形象，并有可能形成人们对该城市功能和品牌的模糊认知。

　　这类品牌主要分布在华东和华南地区，这两个地区共拥有84个品牌，占该类品牌总数的60%以上，华东地区尤其突出，不仅拥有品牌数量最多，而且竞争力最强，竞争力指数超过0.4的4个城市中有3个属于华东地区。

　　令人瞩目的是中西部和东北地区在该类城市中也占据了较大份额，这些城市中除了大连和直辖市重庆之外，一个共同的特征就是都是各省的省会，由于行政区划的原因，各省会是全省的政治、经济和文化中心，经济基础较为雄厚，自然成为区域性的经济中心。但是，省会之外的其他城市无一入选，说明这些省会城市的辐射作用远不及东南沿海地区，没有形成区域品牌。同时，由于缺乏强有力的腹地支撑，这些城市的竞争力也仅位于中等水平而已。由此可见，该类城市竞争力中不能由产品品牌解释的部分，大都可以由区域品牌的差异来解释。

（4）第四类是拥有 10～20 个品牌的城市，该类城市共计 4 个，占城市总数的 3.6%，共拥有 54 个品牌，占品牌总数的 11.9%（见表 4－5）。

表 4－5 　　　　　拥有 10～20 个品牌的城市的空间分布

区域	竞争力指数		品牌数合计
	0.4～0.5	0.5～0.6	
华东		浙江（宁波 11、杭州 14）25	25
华北			
华南	广东（佛山）11	广东（广州）18	29
中西部			
东北			
品牌数合计	11	43	54

这类品牌的 4 个城市在华东和华南平分秋色，全都进入长三角和珠三角的囊中。这四个城市的竞争力明显增强，除佛山外，其他三个城市的竞争力指数全都超过了 0.5，在竞争力排名中仅次于上海和深圳，与北京一起处于第二梯队。

（5）第五类是拥有 20 个品牌以上的城市，该类城市只有 3 个，但却拥有 151 个品牌，占品牌总数的 33.6%（见表 4－6）。

表 4 – 6　　　　　　拥有 20 个以上品牌的城市的空间分布

区域	竞争力指数				品牌数合计
	0.5 ~ 0.6	0.6 ~ 0.7	0.7 ~ 0.8	0.8 ~ 0.9	
华东				上海 44	44
华北			北京 81		81
华南			广东（深圳）26		26
中西部					
东北					
品牌数合计	81	26		44	151

　　这三个城市北京、上海和深圳，分别是京津唐环渤海都市圈、长三角都市圈和珠三角都市圈的龙头或代表性城市，反映出这三大都市圈的整体竞争力在中国的分量。其中，（1）北京由于是中国的首都，地位比较特殊，拥有的品牌数虽然遥遥领先，但是竞争力却不如上海和深圳，这是由于《中国城市竞争力报告 No. 15》中的城市竞争力排名非常注重个体经济的发展状况和市民的创业精神等市场经济因素，而北京虽然在人才、资本、基础设施、政治区位等分项竞争力上表现非凡，居于前 2 位，但是，在"个体经济决策自由度"这个指标上仅排在第 41 位，市民的创业精神指数排在 28 位，在城市环境和资源优势两个指标的排名也较靠后，分别位于第 33 位和第 45 位。[①]（2）上海市的综合竞争力位于全国之冠，这与上海市的区位优势、历史上就是中国的经济中心以及良好的腹地条件是分不开的。尤其是 1991 年浦东新区开发之后，国家加大了对上海的投入力度，上海自身的优势开始显现，以上海为龙头的长三角逐渐超过了珠三角成为增长最快的地区。目前上海已经形成了大气、开放、繁荣自由的城市形象，城市品牌的积聚作用也开始发

---

　　① 倪鹏飞. 中国城市竞争力报告 No. 15［M］. 北京：社会科学文献出版社，2016.

挥，成为国内外投资的首选之地，至 2003 年末，在上海落户的跨国公司地区总部 86 家，投资性公司 105 家，外资研发中心 140 家，在沪跨国采购机构达到 37 家，其中包括阿尔卡特、通用电气、微软、西门子以及家乐福、欧倍德等一批国际知名的大公司。[①] 据上海市商务委员会统计，包括跨国公司在内的外商投资企业对上海的投资热情依然不减，至 2016 年，上海累计吸引跨国公司地区总部 573 家，2016 年当年在上海新增投资公司 13 家，研发中心 12 家，投资性公司和研发中心总数达到 325 家和 408 家。[②]（3）深圳作为改革开放的窗口，在全国其他城市仍实行计划经济的情况下，尽得政策优惠之利，加之毗邻香港的区位优势，在 20 世纪 80 年代的建设时期是人才、资金和各类生产要素的汇聚之地，发展迅猛，创造了令世人瞩目的深圳速度。通过市场经济的洗礼，深圳逐渐形成了开放、创新、充满活力的城市精神和品牌形象，深圳人具有赚钱的商业观念、积极的劳动态度和强烈的竞争意识，在文化竞争力的各项分指标如价值取向指数、创业精神指数、创新氛围指数和交往操守指数等方面都在全国名列第一；深圳的企业管理竞争力和开放竞争力也同样居全国首位；此外，深圳市政府的有效管理也为企业创造了有利条件。[③]

三、结论

通过对产品品牌的空间分布与城市竞争力关系的研究，可以得出如下结论。

（1）产品品牌和城市竞争力之间基本存在正相关关系。品牌首先是一个城市竞争力的体现，当一个城市拥有的品牌集所包含的品牌数量达到一定程度时，就会在人们的头脑中形成有关这个城市的

---

① www. shanghai. gov. cn.

② 参见《中国证券报》，2016 年 12 月 8 日。

③ 倪鹏飞. 中国城市竞争力报告 No. 15 [M]. 北京：社会科学文献出版社，2016.

印象，也即隐性的城市品牌，此时，品牌就成为城市的代言人，数量众多的优秀品牌反过来吸引消费者消费该城市生产的产品，吸引投资者到该城市来投资，带来各种生产要素的集聚，从而品牌又成了城市竞争力的重要因子。因此，城市可以把强势品牌作为一个增长极，并做好配套工作，力争使该品牌发挥集聚作用和辐射作用，提升城市竞争力。

（2）单一产品品牌对城市竞争力作用不大，城市竞争力的提升需要一批优秀品牌的支撑。首先，从品牌的形成机制看，真正优秀的品牌是通过市场竞争优胜劣汰的结果，根据迈克尔·波特的理论，一个企业的当地竞争环境非常重要。当地企业之间竞争越激烈，越有利于企业竞争力的提高，而产业集群是形成这种竞争环境的良好土壤，因此，在竞争中通常会有不止一家企业脱颖而出，往往是一批企业、一批名牌，甚至由产品品牌上升至产业品牌。其次，受到人类大脑有限性的限制，只有当某个信息重复出现时，才会加强大脑的记忆。因此，除非采取特定的宣传措施或者品牌的知名度极高、竞争力极强，否则人们往往不会因为单个品牌就记住某个城市，一般只有当一批品牌从一个城市产生时，才会引起人们对该城市的注意。

（3）鉴于区域品牌对城市竞争力的重要作用，城市发展要注重相互依托和合作，中心城市需要腹地的支持，同等级的城市之间也需要相互竞争与合作，以形成区域品牌。长三角、珠三角已形成了开放、自由、诚信的品牌形象，这种区域品牌又反作用于该区域的每一个城市，即便区域内有的城市本身只拥有一两个品牌，但受惠于区域品牌，城市的竞争力却较强。中西部地区的一些省会城市也拥有一定数量的品牌，由于缺乏腹地支持，城市的集聚作用和扩散作用都极其有限，中心城市孤军奋战，其竞争力远不如东南沿海。

（4）城市竞争存在着序列等级，一般只有同等级的城市之间才会发生激烈的竞争，而高等级城市和次级城市之间则更多地表现为产业链的转移和劳动地域分工合作，以及与之相应的城市功能的分级。因此，可以预见，未来中国城市间的竞争将至少分成三个层次：一是上海、广州、北京，争当亚洲区域性中心城市，注重城市的综合功能和高级服务功能；二是长三角、珠三角和环渤海地区包括胶东半岛一些城市之间的竞争，主要承接国外电子信息产业的转移；三是中西部地区各城市，为承接东部沿海城市的产业转移而展开竞争，发展加工制造业等劳动密集型产业为主。各城市应当认清自己的竞争对手和目标顾客，既要顺应产业升级的潮流、积极承接发达地区的产业转移，又要不断积聚优势、创造自有品牌，以保持持久的竞争力。

（5）本书中的产品品牌的评价来源于世界品牌实验室，而城市竞争力综合指数则来源于倪鹏飞主编的《中国城市竞争力报告No.15》。因此，两套评价体系不一致，导致城市品牌个数和城市竞争力并不成严格的正相关关系。这同时也说明，城市品牌并非城市竞争力的唯一决定性因素，仅从品牌进行单方面的研究，或者仅从城市竞争力单方面的研究，都不能说明二者之间的关系，必须有统一的评价体系才能够正确验证二者的关系。但由于对品牌和城市竞争力分别构建统一的评价体系，不是一篇著作所能完成的任务，作者将在以后的研究中进一步探索这一领域。

本章小结

通过本章的分析，我们可以回答"问题的提出"中所提出的第二个问题，即为什么城市发展有速度之别？在传统的城市竞争中，随着城市演变和城市竞争的日益加剧，城市发展速度可以依次归结为经济增长理论所关注的劳动力等要素禀赋以及资本、技术、制度等。然而，在生产要素流动性日益增强和产品同质化日益严重的条件下，城市如何才能吸引劳动力等生产要素？吸引投资者带来资本流入？吸引高素质人才以带动技术进步？更重要的是，在生产问题解决了之后，如何才能够有效开拓外部市场、争取更大范围的消费者以实现其价值？通过这一章的分析，品牌是高度集中体现了城市的核心要素并能够有效吸引投资者和消费者的关键因素之一，因而也是影响现代城市发展速度的关键因素之一。这一点只需粗略考察一下世界上的强国便可得到佐证。美国是世界经济霸主，同时也是世界上拥有强势品牌最多的国家，根据世界品牌实验室公布的《2016年世界品牌500强》，前50个品牌中有42个品牌属于美国，占据绝对优势。本书对中国产品品牌空间分布的研究同样证实了这一结论。

第五章　城市品牌引力模型

城市品牌通过强化城市的集聚功能和扩散功能而增强城市竞争力，那么，是什么因素构成了城市品牌呢？换句话说，城市品牌通过哪些要素影响投资者和消费者的选择行为？一旦我们能够确定这些影响因子，也就为城市品牌定位和建设提供了最根本的理论依据。

为此，本书将对城市品牌的经济因子进行分析，试图构建一个城市品牌引力模型，来解释城市品牌对人们的选择行为的影响过程。

第一节　现有理论对城市引力的分析

一、区位理论对城市引力的分析

事实上，自19世纪屠能（Johann Heinrich von Thünen，1820～1830）创立农业区位论起，区位论学者就注意到了不同地区的不同区位因素对企业选址决策的影响。只不过，他们大都站在企业的角度，在微观上为不同企业进行区位选择提供理论依据，在宏观上为区域经济的生产力布局提供理论指导。虽然在区位论者的眼中，城市并不被看作一个主体而存在，城市只是被动地等待被选择，但是，他们对厂商和居民的选择行为的微观分析，还是很有意义的。

区位理论认为，各个区位因素都是把客体引向一定区位的作用力，最终的引力大小，取决于这些作用力形成的"合力"的综合效果。接着，区位理论围绕着这些综合效果提出了不同的要素衡量标准。

1. 最低运输费用

这是早期区位论者提出的区位目标或区位标准。屠能最先发现了距离和运输费用问题对农业生态圈的影响，自此，距离和运输费用一直是区位论关注的一个核心问题，可以说，没有距离和运输费用问题，也就不存在区位问题。

2. 最低生产成本

韦伯（Alfred Weber，1960）发展了屠能的思想，他看到运费最低的区位不一定是生产成本最低的区位，因而提出了最低生产成本标准，按照该标准，除了运输距离和运价率，韦伯还分析了单位产品的原料、燃料消耗量对运输费用的影响。更进一步，他又分析了劳动力费用和集聚效果引起的区位的两次变形，从而较为完整地分析了生产成本问题。然而，由于运输技术的进步和国民经济产品结构的变化，如运量很小，即运费在产品总成本中所占的比例很小但产值很大的电子、电气工业、精细化学工业等产品，以及服务业在国民经济中占比例越来越大，最低运费作为衡量区位优劣势的标准的作用降低。

3. 最低的购买价格

以克里斯塔勒的中心地理论为代表，该理论首次把研究对象从工业企业转向零售和其他服务业以及居民，他认为"中心地"不是一般泛指的城市，而是相对于一个区域而言的中心点。确切地说，是相对于散布在一个区域中的居民点而言的中心居民点，并根据行政管理原则、市场原则和交通原则而形成一定的城市等级体系。在这里，城市等级或中心地的形成，实际上就是一个城市或中心地对居民也就是消费者的吸引力，该引力仍然取决于距离、交通等条件。

4. 最大市场区域和最大利润

以勒施（August Losch，1940）的市场区位理论为代表，勒施提出，生产者的目标是谋求最大利润，最低成本、最小吨公里的区位往往不一定能保证最大利润。为了保证最大利润，必须寻求具有最大市场的区位，相应地要求最大的吸引范围和腹地，因而人口规模就成为影响企业选址的重要因素。

5. 最好地利用社会经济基础，力求获得最好的生产、生活条件和适宜环境

20 世纪六七十年代以来，新的空间结构理论不仅考虑到了经济因素，而且日益关注社会因素，如城市的基础设施、自然生态环境和政策环境等对居民和企业选址决策的影响。

基于上述基本原则，即最低运费、最大利润和最低购买价格三个原则，区位论者还提出了区位的引力模型。

较早提出引力模型的是赖利（W. J. Reilly），他于 1931 年提出了"零售引力法则"：

$$\frac{T_a}{T_b} = \frac{P_a}{P_b} \cdot \left(\frac{d_b}{d_a}\right)^2$$

式中：T_a、T_b 为从一个中间城市被吸引到 a、b 二城市的销售额；

d_a、d_b 为二城市到中间城市的距离；

P_a、P_b 为 a, b 二城市的人口数。

后来，艾萨德（Walter · Isard）、科尔（J. P. Cole）和金（L. J. King）分别于 20 世纪 60 年代提出了各自的"潜力"模型，通过对市场潜力和人口潜力等空间差异的分析，来计算不同城市的相对引力。这些模型基本上都遵循了同一思路，即城市之间的相互作用力与人口和市场成正比，与距离和运费成反比。模型所包含的基本因子仍然是人口和距离，也就是市场和运输成本。

区位理论分析了成本因素、市场因素和环境因素对厂商和居民的选址决策的影响力，对厂商或者说投资者的微观选择行为进行了较为详尽的分析，但是，由于该理论始终坚持两个暗含的假设前

提，即短缺经济和产品无差异，因此，对于消费者的选择行为的分析有所欠缺。

在短缺经济和产品无差异的情况下，城市生产的任何产品，只要在其销售区域内，便能销售出去，不存在城市之间的相互竞争问题。而该销售区域究竟能有多大？或者说，城市生产的产品究竟能销售多远？取决于两个因素，即价格和交通距离。随着距市中心的距离越来越远，由于运输成本增加而价格提高，因而需求量依次减小直至为零，从而确定了城市的最大销售半径。

当考虑到城市之间的相互竞争时，每个城市的销售半径很可能达不到最大，而是取决于两个城市各自的价格和运费情况。如图 5 – 1 所示，假设有两个城市 A 和 B，横轴表示两个城市之间的距离，纵轴表示价格。由于价格随着运费增加而增加，需求量则逐步减小，最后两条价格线相交之处即决定了两个城市的最大销售半径。这里，最大销售半径也即决定了城市的最大可能边界，居民就是消费者，产品销售在两个城市之间严格分开，不可能产生交叉，即对于同类产品，A 城市的产品不可能销售到 B 城市，而 B 城市的产品也不可能销售到 A 城市。最终，该理论是把运输成本加进了价格，价格仍然是影响消费者选择行为的唯一因素，城市生产的产品只可能在其腹地内部销售，而不可能争取更多的外部消费者。

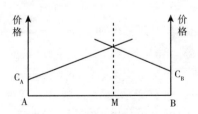

图 5 – 1　同质化产品的销售区域

资料来源：孙曰瑶. 自主创新的品牌经济学研究 [J]. 中国工业经济，2006（4）.

按照该理论，城市完全可以进行自给自足的生产，对外贸易仅限于本市不能生产的产品，城市之间会形成严格的分工体系，井然有序、无须竞争。然而，这显然和事实不符，事实上，城市之间不仅争夺资源、资金、人才等生产要素，而且在全球范围内争取其消费者。如何解释不同城市、甚至国家之间的贸易关系呢？贸易理论则致力于解决这一问题。

二、新贸易理论对产业内贸易的解释

古典贸易理论用劳动生产率的差异和要素禀赋的差异等因素来解释不同产业间的贸易，而且根据古典贸易理论，随着各国经济发展和技术进步，国际贸易会使生产要素价格达到均等化，而均等化的最终结果将是国际贸易的终结。据此，早在19世纪末20世纪初，德国经济学家松巴特（Wemer Sombart，1903）就指出，现代文明民族并没有因为那样庞大的贸易关系而联系起来，各国经济的今天比之100年前乃至50年前，被卷入世界市场的程度不是比较多了，而是比较少了。由此，他得出了"对外贸易依赖的递减规律"。凯恩斯和罗伯特逊（Keynes & Robertson，1937）认为，根据比较成本理论，随着技术的传播，各国在生产技术水平上逐步接近，因而建立在技术差异基础上的国际贸易会逐步减少。那么，事实如何呢？从第二次世界大战后国际贸易的规模扩大看，1950年世界出口贸易额仅为610亿美元，1970年增加到3150亿美元，1990年增加到34470亿美元，2005年突破10万亿美元。世界贸易并没有减少，相反，却在迅速增加。

可见，古典贸易理论的逻辑是：由于各国的生产成本或生产效率不同，因此，产品的价格不同，因而就有了开展国际贸易使双方获利的机会。但是，价格果真是决定消费者选择行为的全部因素吗？如何解释第二次世界大战以后国际贸易的迅速发展呢？

保罗·克鲁格曼（Paul R. Krugman）的新贸易理论开创性地研究了产业内贸易。1979年，克鲁格曼发表了其经典之作《报酬递增、垄断竞争和国际贸易》，简明地论述了规模经济条件下的差异产品贸易。该理论的关键之一是：规模经济和消费者的多样化偏好效应。由于同一产业的产品具有不同的类型，这样便形成了多样化的产品，而由于消费者总是喜欢更多的产品类型，因此，这些多样化产品是不完全替代品，因而，通过产业内贸易可以使消费者有更多的选择空间，满足更多的偏好，从而提高消费者的总体福利水平。同时，厂商由于差异化所产生的垄断竞争市场结构，以及通过贸易形成的规模经济效应，也可以获取更高的利润。新贸易理论通过对差异化产品的贸易问题进行研究，提出了一个暗含的假定前提：由于产品差异化，市场是不完全竞争的，因而厂商可以获得一定的垄断定价权。

那么，是什么导致了产品差异呢？新贸易理论仍然没有解决这个问题。克鲁格曼仅就不同类型产品之间的贸易问题展开了论述，但是，在现实生活中，我们看到，即便是同种类别但不同品牌的产品也在城市之间、国家之间进行贸易。此外，还有一个问题新贸易理论并未涉足，即什么样的差异才是有效率的差异？才会被消费者选择呢？事实上，我们看到，并非所有的差异都是有效率的。

产品差异本质上是为了满足消费者的多样化偏好，因此，产品差异在根源上来源于消费者的偏好及其需求。只有消费者认可的差异才是差异，产品本身存在差异并不能保证消费者认可这种差异，相反，即便产品的使用价值没有任何差异，但是，只要消费者认为其存在差异，该差异便是真实存在的——真实存在于消费者的头脑之中。根据福利经济学的一般理论，消费者的福利水平的提高来自两个方面。一方面是对同一产品消费数量的增加，即消费同一产品的数量越多，其消费的福利总水平越高；另一方面是消费最接近本人消费欲望的产品，随着消费者收入水平的提高，他们趋于追求个性化的消费，这种消费的排他性就是"消费权的垄断"。这种"消费权的垄断"才是厂商进行差异化的基础，问题是，厂商如何才能够获得这种"消费权的垄断"所带来的收益？

在新贸易理论中，消费者的多样化偏好仅限于产品自身的差异化。但是，如今产品同质化如此严重，以致不同城市或国家之间的产品类别的差异化已经非常小，而代之以品牌所形成的差异化。另外，随着产品科技含量的提高，信息的不完全性日益严重，因为消费者不是专家。即便产品本身存在差异，消费者也很难识别，这种差异化也只有通过品牌来传递。因此，消费者的偏好多样化效应依然成立，不同的是品牌差异化代替了产品差异化。此时，品牌不再是产品差异化的标识，品牌自身就已经成为差异化的本源。二者的区别在于，产品差异化立足于产品和厂商，而品牌差异化存在于消费者的头脑中，品牌差异化真正代表了消费者认知的差异，只有消费者认知的差异才是真正的差异。因此，我们看到，现实中，同质化产品能够在不同区域之间销售，原因即在于他们拥有不同的品牌，而这些品牌在消费者头脑中存在差异，可以满足消费者的不同偏好。

忽视消费者认知的差异给一些产品带来了灾难性的影响。比如，唐三彩是洛阳市历史文化的代表之一，曾经作为国礼赠送给50多个国家元首和政府首脑，洛阳市美陶公司生产的"九都"牌唐三彩，无论在胎泥和釉料的选材上，还是在技术工艺上都是一些手工作坊生产的产品所无法比拟的，但是，由于缺乏品牌意识，"九都"牌唐三彩包装简单，也没有进行品牌宣传，最终导致劣质唐三彩以极其低廉的价格几乎挤垮了正宗的"九都"牌唐三彩。这些生产企业忽视了品牌在消费者头脑中的作用，因而也失去了市场，他们没有看到，正是品牌使厂商获得了"消费权的垄断"所带来的超额收益。因此，城市要解决对消费者的吸引问题，必须从品牌入手。

第二节　城市品牌引力模型静态分析

可以说，现有的各种理论对于厂商的选择行为进行了较为详尽的分析，但是，对于消费者的选择行为的分析依然薄弱。而城市经济竞争力就是城市对外部投资者和消费者的吸引能力，因此，本书从微观角度对投资者和消费者的选择行为进行分析，探索其背后的行为动机，找出城市品牌对于城市经济竞争力的影响因素。

一、城市品牌引力与城市竞争力

根据第四章的分析，我们知道城市品牌可以通过投资者和消费者的选择行为作用于城市竞争力，因此，我们可以把城市品牌的这种作用称为城市品牌引力，它可表示为城市竞争力的某个函数关系：$UC = f(BA)$，且 $\dfrac{dUC}{dBA} > 0$。

UC 表示城市竞争力（urban competitiveness），BA 表示城市品牌引力（brand attraction）。函数的一阶导数大于零，说明城市品牌正向作用于城市竞争力。

现在的任务就是要找出城市品牌影响目标顾客选择行为的具体影响因子，阐明其影响方式，为下一步的城市品牌建设提供理论依据。

二、城市品牌引力模型

品牌的价值在于其背后所隐含的能够降低选择成本的作用（这也就是商标和品牌的差异所在），否则，如果剔除这些背后所隐含的实质内容，则品牌只是一个符号而已，没有任何意义。因此，要研究城市品牌如何吸引投资者和消费者，必须从微观上探究投资者和消费者的行为模式，找到了影响投资者和消费者的关键因素，也就找到了构建城市品牌的核心内容。

在前文两个假设条件（流动性假设和有限性假设）下，我们分别分析投资者和消费者的行为方式。在有限理性的经济人假设下，投资者追求利润最大化，消费者追求效用最大化，而要实现最大化，任何微观主体的选择行为都是基于最基本的成本—收益分析，只有某一方案的收益大于成本时，人们才会选择该方案。投资者选择到哪个城市投资，消费者选择购买哪个城市的产品，同样遵循这一基本原则。下面，从这一基本点出发，我们分别探讨投资者和消费者的选择行为。

首先考虑，当一个投资者决定到某个城市进行投资时，他所面临的成本和收益分别有哪些。实际上，对投资者的空间选择行为，区位论已经为我们提供了坚实的理论基础，根据前文对区位论的简述，我们选择以下成本和收益因素。影响投资者选择的成本因素可以分为四大类：（1）运输成本因素；（2）要素禀赋，包括一个城市的自然资源、土地价格、劳动力成本等；（3）集聚因素；（4）商务环境。在销售收入假设下，影响投资者收益的因素可以归结为市场，包括市场容量和市场质量。我们用人口规模表示市场容量，用人均可支配收入表示市场质量，则二者的乘积代表了整个市场规模的大小。成本与城市品牌引力负相关，收益即市场规模与城市品牌正相关。

其次，消费者的选择行为主要受品牌的影响。由品牌为消费者带来的选择成本节约和总效用水平所决定。品牌数量与城市品牌引力正相关。

除了这些最基本的影响因素之外，还有两个因素对所有这些基本因素都会产生干扰和影响，那就是政府行政效率和外部目标顾客对该城市的心理认同感。政府行政效率越高，会强化各基本因素的作用的发挥，相反，政府行政效率越低，会阻碍各基本因素的作用发挥。外部投资者和消费者对城市的心理认同感直接决定了他们是否会选择该城市。

综合上述因素，本书构建城市品牌引力模型如下：

$$BA = f(\beta_i, C, M, BV) = \beta_i \cdot \left(\sum M_i - \sum C_i + \sum BV_i \right) \cdot g$$

$$(5-1)$$

公式中各符号含义如下：

BA——城市品牌引力，表明城市品牌对外部投资者和消费者的吸引能力；

β——心理感应系数，指城市外部的投资者、游客或消费者对

该城市的心理认同程度，取值为一闭区间，$\beta \in [0,1]$。β 值的确定需采用问卷调查的形式，设计指标加以确定；

C_i——投资者的成本，包括运输成本、要素成本、集聚因素和商务环境成本；

M_i——市场，其中，M_1 = 本市人口数量 × 人均可支配收入，它表明本市的市场容量；M_2 = 本市行政辖区之外运价限制下的最大辐射区域人口数量 × 人均可支配收入，它表明本市辐射区域的最大市场容量；

BV_i——品类品牌价值；

g——行政效率，$g = \left(1 - \dfrac{行政人数}{全市人口总数}\right)$，$g$ 的值位于 0～1，$g \in [0,1]$。g 越接近于 1，行政效率越高。这里的行政人数以能够维持城市正常运转的最小人数为最低限。

在公式中，各个因素与城市品牌引力的关系可以表述如下：

$\dfrac{\partial BA}{\partial C} < 0$，说明成本是品牌引力的减函数，随着成本增加，对投资者的吸引力下降；

$\dfrac{\partial^2 BA}{\partial C^2} < 0$，说明成本对城市品牌引力的贡献是递减的，随着成本降低，对城市品牌引力的作用逐渐减小（下文会进行证明）；

$\dfrac{\partial BA}{\partial M} > 0$，说明市场是品牌引力的增函数，随着市场规模扩大，对投资者的吸引力增加；

$\dfrac{\partial BA}{\partial B} > 0$，说明品类品牌是城市品牌引力的增函数，随着品类品牌的增加，对消费者的吸引力增加（下文会进行证明）；

$\dfrac{\partial BA}{\partial g} > 0$，$(g < 1)$，说明行政效率是城市品牌引力的增函数，随着行政效率的提高，对投资者和消费者的吸引力都增加，但是，行政效率的提高有一个界限，即行政开支不可能为零。

根据公式（5-1）的各因子，城市品牌的建立实际上是对各因子的组合所形成的品类品牌，根据目标顾客可以分为投资品类品牌、旅游品类品牌和产品品类品牌。理论上，由这些品类品牌所构成的城市品牌引力应当可以表示为其所吸引到的投资额、旅游收入和产品销售收入的某种函数关系。因此，公式（5-1）可进一步分解为：

$$BA = \beta_i \cdot \left(\sum M_i - \sum C_i + \sum BV_i \right) \cdot g$$

$$= \gamma \cdot \left(\sum IBR + \sum TBR + \sum PBR \right)$$

$$= \gamma \sum_{i=1}^{3} \sum_{j=1}^{m} BR_{ij} \qquad (5-2)$$

公式（5-2）中：

IBR 代表投资品牌吸引到的投资额；TBR 代表旅游品牌吸引到的旅游收入；PBR 代表产品品牌（非旅游类的商品和服务）的销售额；

γ 为系数，表明城市品牌引力与品类品牌之间的关系；

$i = 1$，2，3，分别代表投资品牌 IB、旅游品牌 TB 和产品品牌 PB；

$j = [1, m]$，代表投资类、旅游类或产品类品牌中的第 j 个品牌；

BR_{ij} 表示第 i 类中的第 j 个品牌的收益，对于投资品牌，它是吸引到的投资额；对于旅游品牌，它是吸引到的旅游收入；对于产品品牌，它是销售收入。

该式说明城市品牌引力可以表示为城市品牌所吸引的投资额、旅游收入与各种销售收入之和的函数。

根据品类购买行为假设，各品类品牌对目标顾客的影响力又取决于其品牌品类度的大小，① 因此，公式（5-2）可进一步写为：

————————

① 此处假设城市品牌集中各品牌的策略均正确，因为，如果策略失误，将直接导致该品牌的灭亡。

$$BA = \beta_i \cdot \left(\sum M_i - \sum C_i + \sum BV_i \right) \cdot g$$
$$= \gamma \cdot \left(\sum IBR + \sum TBR + \sum PBR \right)$$
$$= \gamma \sum_{i=1}^{3} \sum_{j=1}^{m} BR_{ij}(b_{ij}) \qquad\qquad (5-3)$$

公式（5-3）表明，城市品牌引力 BA 的大小直接取决于各品牌的品类度 b_{ij}，即取决于投资品牌和消费品牌的品类度的大小。

因此，城市品牌的实质是它所包含的品牌集，是目标顾客选择某一个城市的真正理由，或者说一个城市给目标顾客带来的利益点。但是，城市品牌绝不是各个品牌的简单相加，城市品牌引力应当大于品牌集中各品牌之和。鉴于一个城市中各品牌之间相互影响，所以，可以构建城市品牌品类综合指数 B 如下：

$$B = \frac{1}{m} \sum_{i=1}^{m} b_i \ (0 \leqslant b_i \leqslant 1, 0 \leqslant B \leqslant 1) \Rightarrow \max(B) = 1 \quad (5-4)$$

城市品牌品类度综合指数 B 表示一个城市品牌品类度的综合指标，可以用于城市之间品牌品类度的综合比较。该指标的计算，仅从技术上来说，既可以用算术平均法，也可以采用几何平均法。但是，采用两种方法的现实含义却不相同，如采用几何平均法，则城市品牌品类度综合指数受制于其中最小的一个，如果其中一个品牌的品类度为零，则整个城市品牌品类度综合指数都为零，城市品牌引力和城市竞争力会大幅度下降，这意味着一个城市不允许有低品类度品牌存在，这显然和现实不符，现实中，即便在上海、广州、深圳等国内竞争力较强、拥有多个强势品牌的城市，低品类度的品牌（更确切地说是商标）也比比皆是。这些低品类度品牌或者说商标的存在并不影响整个城市的竞争力，当外部目标顾客进行选择时，并不会考虑这些平庸的商标，相反，只有那些强势品牌会对他们的选择行为产生影响。如采用算术平均法，则受到最大值的影响，即允许城市发展特色，只要一两个高品类度品牌获得成功，不管有多少个不成功的低品类品牌，也可对城市品牌引力和城市竞争力产生极大的提升作用。虽然在选择时，我们可以漠视那些近似于无差异的商标，但是我们并不否认它们的存在。因此，本书采用更加符合现实的算术平均法计算城市品牌品类度综合指数。

由于城市品牌对目标顾客选择行为的影响取决于城市品牌信用度 $B_c = B \cdot S$。因此，城市品牌引力也应当等于城市品牌信用度的某一函数关系，用公式表示为：

$$BA = \gamma \sum_{i=1}^{3} \sum_{j=1}^{m} BR_{ij}(b_{ij}) = f(B_c) = f(B \cdot S) \qquad (5-5)$$

因此，在城市品牌策略 S 完全正确的条件下，公式（5-4）和（5-5）表明，城市品牌品类度综合指数越接近于 1，城市品牌引力越大。若要增强城市品牌引力，城市必须不断提高品牌品类度，多个低品类度品牌的简单叠加显然丝毫无益于城市品牌综合品类指数的提高。

为了表示城市品牌集中品牌品类度的分布状况，我们用 σ^2 表示品牌集中单个品牌品类度 b_i 的方差，由于 $b_i \in [0, 1]$，所以 $0 \leq \sigma^2 \leq 1$。

σ^2 越趋近于 1，说明城市品牌集中各品牌品类度相差越大，品牌发展越不均衡。在这种情况下，如果已经存在城市品牌，则由于品牌品类度的极不均衡，城市品牌作为公共产品，其正的外部效应会使低品类度的品牌受益。在信息不完备的情况下，目标顾客会以城市品牌来替代产品品牌，从而间接提高该品牌的品类度，事实上，该品类度的提高是由于目标顾客的心理认知所产生的。由此，那些低品类度品牌会存在"搭便车"现象。同时，当目标顾客对该城市的低品类度品牌有所认知时，则有可能模糊对原有的高品类度品牌的品类认知，从而损害高品类度品牌，使之原有的品类度在消费者心目中降低。尤其是当低品类度品牌的信用受到消费者质疑时，高品类度品牌也会受到株连。

σ^2 越趋近于 0，说明城市品牌集中各品牌品类度越接近，品牌发展越均衡。此时，各个品牌之间的损益重新分配越小，一些专业镇的产业集群接近于这种类型。在极端情况下，$\sigma^2 = 0$，各品牌均衡发展，不存在损益在品牌之间重新分配问题，城市品牌综合品类度的高低与品牌个数大小无关，无论有多少品牌，城市品牌品类度综合指数都是一定的。

但是，该静态模型仍然存在一个悖论，即多个品类度较高的城市品牌品类综合指数反而低于单个品类度极高的品牌的城市品牌品类综合指数。这是否意味着城市的品类品牌越单一越好呢？或者说城市越具有单一特色竞争力越强呢？显然，这里还不能简单地把城市品牌品类度综合指数等同于城市竞争力。

因此，需要说明的是，城市品牌综合品类度的高低只说明品牌集中各品牌品类度的综合平均指数，并不代表城市竞争力的高低。这样，就存在整体和局部的矛盾，即对于单个产品品牌来说，在品牌策略正确的条件下，品类度越高，则品牌信用度越高，从而对目标顾客的引力越大；对整体城市品牌来说，由于城市品牌集中有多个品牌，还涉及品牌个数问题，因此，城市品牌品类度综合指数仅仅用于各城市品牌品类度的比较，它是影响城市品牌引力和城市竞争力的一个重要因素，但其本身并不等同于城市品牌引力的大小和城市竞争力的高低。

三、城市品牌引力模型因子分析

下面，分别对这些影响因素逐一进行更为细致的分析。

（一）影响投资者选择行为的因素分析

1. 成本因素

英国学者巴顿（Kenneth J. Button，1984）曾经对投资者进行区位选择的成本因素进行过分析，把它们归结为三种：（1）获得使用于生产过程中的原材料的成本和把这些原材料运输到选定城市的成本；（2）生产的实际成本，即生产过程成本，其中包括劳动力和地方服务；（3）使成品到消费者手里所必须承担的推销和配货成本（包括聚集经济效益）。① 本书在此基础上，加上商务环境因素，因而共分为四大类。

第一类：运输成本，包括到原材料所在地和市场的运输费用。这是区位论首先考虑的一个因素，可以说，如果没有距离和运输成本问题，也就不存在区位选择问题。尽管随着交通、通信技术的进步，运输费用在总成本中所占比重日益减小，但是，在其他条件相似的情况下，运输费用仍然是投资者要考虑的一个关键因素。运输成本的大小一方面决定于城市的地理区位，即城市距原材料所在地和消费地的距离远近的影响，该因素对城市来说属于完全不可控因素；另一方面取决于后天的交通通信基础设施建设，包括陆路运输、水路运输、空路运输以及光纤电缆所形成的交通通信网络。该网络的发达程度决定了一个城市的经济外向度，交通通信网络越发达，对外联系越便利，运输成本越低，反之，则运输成本越高。

第二类：要素禀赋。影响投资者生产成本的要素禀赋主要有三种。（1）自然资源状况，运输成本只有和自然资源或市场结合起来考虑才有意义，这也是早期区位论和古典贸易理论所考虑的主要因素。一个城市的自然资源包括水、矿藏、能源和其他原材料等，根据韦伯的理论，原材料系数大的企业应当靠近原材料所在地，以节省运输费用。历史上，许多重工业企业的发展基本上都遵循了这一原则，而丰富的自然资源也是许多城市兴起的原因，比如我国的石油城市大庆、克拉玛依和东营市，煤炭城市山西大同、辽宁阜新、河南平顶山，矿藏城市白银、攀枝花和陕西铜川等。（2）土地成本。投资者当然希望地价越低越好，但是，土地价格往往和当地的经济发展水平正相关，经济越发达的地方，土地价格越高，经济越落后的地方，土地价格越低。欠发达地区在招商引资过程中经常用

---

① ［英］K. J. 巴顿. 城市经济学［M］. 北京：商务印书馆，1984.

其低廉的土地价格作为吸引投资者的措施，然而，较低廉的地价往往对应着较高的总成本和较小的市场规模，因此，投资者需要在经济发达程度和地价之间选择一个平衡点。(3) 劳动力成本。影响劳动力成本的因素包括劳动力的数量和质量。充沛的廉价劳动力曾经是中国的一个比较优势，随着中国城市化进程的加速，大量农村剩余劳动力要转移到非农业部门，形成了庞大的劳动力储备，从数量上看，劳动力几乎可视为无限供给。极低的劳动力成本可以使投资者获得价格上的优势，但是，随着投资者产业投向的改变和升级，对具备某项专业技能的高素质人才的需求增大，此时，看似廉价的劳动力实际上却隐含着高昂的人力成本，因为，在充斥着大量廉价劳动力的地方一般很难获得高素质人才和熟练技工。

第三类：集聚因素。20 世纪初，韦伯（1909）在《工业区位论》中首次把集聚因素引入到区位理论的分析中，自此之后，集聚因素日益受到学者们的关注。投资者通过选择与其他工厂紧密相连的配置，可以使用专用设备、共同利用劳动力市场，便于信息的快速传递和技术扩散，从而更快地应对市场需求的变化等。总之，通过集聚可以获得规模经济、范围经济和协同效应等，从而降低集群内企业的生产成本，这些成本虽然常常是隐性的，但是，对企业却至关重要，因集聚所带来的成本节约甚至可能超过其他因素所带来的成本增加，因而成为投资者进行选择时考虑的重要因素。

第四类：商务环境。商务环境是投资者要考虑的重要隐性成本之一，这包括城市的政策环境、治安状况、市民的价值取向、交往操守、创业精神和创新氛围等。城市政府能否提供一个自由、公平、秩序井然的竞争环境，是企业能否健康成长的基本条件。在此基础上，如果城市具有经商传统、市民商业意识浓厚、具有创业和创新精神，则投资者可以比较容易获得积极进取的高素质人力资本。如果市民普遍具有讲诚信、共同协作的风气，则可以避免偷懒、道德风险和逆向选择等机会主义，从而降低生产和交易成本。

良好的商务环境不仅能促进本地企业的发展，同样也是投资者的乐土。

2. 收益因素：市场规模

投资者的收益则主要来自销售收入，该销售收入取决于两方面：一是城市自身的规模大小和经济发展水平所决定的内部市场大小，另一个是由城市辐射力大小所决定的城市外部市场的规模。

从内部市场看，虽然品牌可以超越空间限制销售到外地，但是，当地的市场需求仍然是不可忽视的关键因素。首先，国际化品牌之所以能够做到在全球销售，是因为它们在全球生产，品牌产品的生产者因而成为各个城市所吸引的主要投资者。当这些投资者在全球寻求分支机构的所在地时，他们依然希望能够靠近市场以获得最大的收益。其次，根据迈克尔·波特（1990）的钻石理论，当地的市场需求条件是影响企业竞争力的关键因素，因为企业对周围的需求变化最为敏感，反应最为快捷。

因此，当地的人口规模越大、收入水平越高，企业可望获得的潜在收益越大。进一步，当地高收入的消费者越挑剔，越有利于企业创新，提高其在国际市场上的竞争力，强化其核心品牌，从而获得更高的收益。

3. 从成本导向转向市场导向的动态变化

从发展趋势看，投资者的区位选择日益从成本导向转向市场导向，这种转变主要是基于以下三个方面的原因。

（1）技术进步使得运输费用在总成本中的比例大大降低。一方面，交通技术进步直接降低了运价率，而且运输速度更加快捷；另一方面，以电子技术、生物技术为代表的第四次技术革命促进了产业结构的升级换代，和传统的工业不同，进入后工业时代，新兴的电子信息、精细化工和生物制药等产业对原材料的依赖大大减弱，许多产品不再依赖于局部性原材料，而只需遍在性原材料，经过高科技加工处理即可成为具有高附加值的高科技产品。按照韦伯的理论，仅仅使用遍在性原材料的产业应靠近消费地。从理论上讲，如果运输费用极小可以忽略不计，则投资者在哪里生产都无关紧要，无论是在原料地还是消费地都不会产生任何运输费用。但事实上，即便运输费用可以忽略不计，只要存在竞争，靠近市场便是有意义的。

（2）靠近市场的意义在于接近消费者，可以迅速应对市场需求的变化，并及时做出调整，这是远离市场的的企业所无法比拟的优势。因此，迈克尔·波特坚持认为，要想在国际市场上具有竞争力，国内的需求更为重要。

（3）城市职能发生了变化。伴随着城市产业结构升级，城市自身的职能也发生了变化，城市从传统的生产中心转变为经济管理和决策中心，金融、保险、咨询服务、现代物流、教育、娱乐、医疗保健等现代服务业在城市的产业结构中所占比例越来越大，这些产业和传统工业相比，更加依赖于市场、依赖于密集的人口分布，而不是依赖于原材料，同时，它们对土地和劳动力价格则不是那么敏感。

由于随着技术和经济的发展，成本优势将逐渐让位于市场优势，即成本对城市品牌引力的贡献逐渐减小，而市场对城市品牌引力的贡献逐渐增加，因此，可以证明成本的二阶导数小于零，$\frac{\partial^2 BA}{\partial C^2} < 0$。

4. 成本内部的动态变化

从成本导向转向市场导向表明了技术变革、产业结构升级和城市职能演变的趋势，但这绝不是说投资者可以不计成本，如果我们反过头来考察成本构成，则会发现，影响投资者的成本因素内部也发生了某些变化。

（1）运输成本本身无疑变得不再那么重要，但是由于市场的重要性，因而区位因素依然是影响投资者选择行为的重要因素，上海之所以成为许多大型跨国公司到中国投资的首选地，和其地处长江三角洲龙头的得天独厚的区位条件分不开。

（2）要素禀赋中，同样基于技术进步和产业结构升级的原因，自然资源、土地和劳动力价格也变得不再那么重要，重要的是当地的经济发展水平和劳动力的质量。

（3）商务环境和集聚因素起着越来越重要的作用。现代服务业的发展日益依赖于软要素所带来的隐性成本的节约。公平、公正、自由、诚信的商务环境可以节约企业的运营成本，而信任关系的建立，某些默会性知识的传递也需要面对面的交流，企业发展中需要其他支援性配套企业的协助，集聚所产生的协同效应、规模经济能够使企业降低成本，更加顺利地进行生产。企业在集群中形成的社会资本更是一笔无形的财富，它使企业能快速地了解信息、抓住市场机会。

（二）消费者选择行为模式

消费者的消费选择行为可以分两种不同情况进行分析：一是在同质化产品条件下，消费者依据价格进行选择；二是在产品差异条件下，消费者依据品牌进行选择。

当产品是完全可替代的同质产品时，价格将成为消费者选择购买的唯一理由。此时，消费需求完全符合微观经济学的需求定律，沿着同一条需求曲线，即谁的产品价格低，消费者就购买谁的产品，消费者的需求函数是大家都熟悉的 $Q = f(P) = a - bP$。此时，市场结构是完全竞争，在短缺经济条件下，厂商都能够在同一价格水平下销售所有的产品。但是，一旦产品出现过剩，厂商之间就开始展开竞争，而且只能采取价格竞争的形式，厂商能否在竞争中生存和发展，则取决于厂商的规模和生产成本。事实上，很多行业都经历了类似的过程，当产品技术已经普及，产品达到成熟期后，同一行业的众多厂商往往会经历一场残酷的价格大战，实现从完全竞争到不完全竞争甚至寡头垄断的转变。

当产品是不完全替代的差异化产品时，品牌将给消费者一个选择购买的理由。当产品存在差异，或者消费者认为产品之间存在差异时，就会出现多种可替代的差异化产品各自对应着一个不同的价格。此时，至少会有两类变量进入消费者的需求函数，即价格和产品质量等非价格因素，假如我们用 P 表示价格，用 NP 表示所有非价格的产品差异因素，则消费者的需求函数可表示为：$Q = f(P, NP)$。

当消费者面对多个变量时，怎样做出选择决策呢？消费者可能采取的方法有以下四种。

（1）对所有的产品进行比较，从中选出最优的产品。事实上，这是不可能的。由于每一个产品都包含了不同的价格和非价格因素，比如产品功能因素，因此，这里不同产品是不可比的。俗话说："一分价钱一分货""便宜没好货，好货不便宜"，其实讲的就是这个道理。

（2）在非价格因素一定的条件下，寻求价格最低。但是，消费者并非专家，在信息不完备的条件下，消费者如何甄别众多产品的非价格因素呢？况且，这些非价格因素包括产品质量、功能、款式、售后服务等等细致的差别，要让消费者从所有的同类产品中筛选出具有完全同质的产品，恐怕是不太现实的。我们假设某一类别产品中共有 n 个产品，消费者每搜寻一个产品所花费的时间是 t_0，则搜寻所有 n 个产品所花费的时间为 $n \cdot t_0$。当消费者搜寻到所有的同类产品后，还需要在这 n 个产品之间进行两两比较，假设每次比较的时间为 t_1，则对 n 个产品之间进行两两比较所花费的时间为 $t_1 \cdot C_n^2$，所花费的总时间成本为 $T_1 = n \cdot t_0 + t_1 \cdot C_n^2$。反过来，价格不同但产品却完全同质的情况恐怕也很少见，至少在消费者的眼中，不同价格的产品就代表了不同的质量。

（3）在价格一定的条件下，寻求非价格因素的最优。消费者花费一定的交易成本，就可以从同类产品中搜寻出同一价格的所有产品，得到这些产品之后，消费者还需要在这些产品中进行选择，对这些产品的所有非价格因素两两比较以寻求其中的最优者，这一过程所花费的成本即本书第三章所定义的"选择成本"。我们假设所有同类产品 n 中价格相同的产品有 m 个，从所有同类产品中搜集价格相同的产品所花费的时间为 $m \cdot t_0$。然后，再对 m 个相同价格的产品进行两两对比，所花费时间为 $t_1 \cdot C_m^2$。则此种方法所花费的总时间成本为：$T_2 = m \cdot t_0 + t_1 \cdot C_m^2$。由于 $m < n$，所以，$m \cdot t_0 + t_1 \cdot C_m^2 < n \cdot t_0 + t_1 \cdot C_n^2$，即 $T_2 < T_1$。就是说，第三种方法所花费时间比第二种方法所花费时间要少。

（4）同时决定一对价格和非价格因素作为选择目标。这种选择方法符合西蒙的有限理性，即首先确定一个目标，然后进行搜寻，一旦找到符合目标的产品，即停止搜寻。但事实上，这种选择方法在实施时，仍然需要运用上述三种方法。要么一个一个产品进行搜寻，直到找到符合目标的产品为止；要么先确定目标中的非价格因素，然后寻求目标价格；要么先确定价格，然后从中选择目标中的非价格因素。所以，即便预先确定了价格和非价格目标，在具体实施时，仍然是采用第三种方法所花费时间成本最低。

因此，消费者在进行选择决策时，最理想的方法是在价格一定的条件下，寻求目标非价格因素。但是，产品的非价格因素仍然由多种因素构成，要两两比较进行选择，所花费的选择成本依然不可忽视。那么，在价格一定的条件下，何时选择成本为最低呢？由于所有非价格因素几乎都可以通过品牌传递给消费者，因此，当我们引入品牌因素，消费者就不必进行商品的两两对比，只需依据品牌来选择购买即可。所以说，品牌所造成的认知上的差异成为消费者选择购买的主要标识，品牌的重要经济意义即在于其能够降低消费者的选择成本，包括时间成本和精神成本。当然，前提是品牌能够兑现其承诺，即品牌应具有较高的品牌信用度。

消费者购买产品获得的收益也就是其获得的效用。消费者购买品牌所获得的效用来自两部分：一部分是该产品自身的使用价值带给消费者的满意程度；另一部分则是由于品牌的价值带给消费者的精神满足。尽管现实中这两种效用很难进行区分，很难把总效用分解出哪些来自使用价值，哪些来自品牌价值。但是，在理论上对二者进行区分，可以使我们更清楚地了解品牌自身的价值，该价值取决于品牌带给消费者的效用水平，因为这一效用水平决定了消费者的意愿支付价格。

如果我们把选择成本看作消费者选择购买的负效用，那么，品牌带给消费者的总效用水平就应当等于负效用的降低加上获得品牌产品的效用。

（三）干扰因素分析

1. 政府行政效率

政府行政效率取决于两个因素：政府官员的目标函数和体制效率，用公式表示为 $g = f(z, e)$。其中，z 表示政府官员的目标函数，e 表示体制效率。

政府官员可以有多个目标，为简化分析，这里把所有目标归为两类：公共目标 p 和非公共目标 np（本书中，目标的公共性是指政府官员是否把提高本市的城市竞争力作为自己的追求目标）。这样，政府官员的目标函数可以表示为两种目标的各种不同组合，假设用 α 表示公共目标在总目标中所占的比重，即可表示为：$z = f(\alpha, p, np) = \alpha p + (1 - \alpha) np$。由于不同目标可以给政府官员带来不同的效用满足程度，其效用函数可以表示为 $u = f(z) = f(\alpha p + (1 - \alpha) np)$。那么，什么因素决定了政府官员赋予公共目标的权重 α 呢？取决于公共目标和非公共目标的冲突情况。设用 λ 表示公共目标和非公共目标的冲突系数，$0 \leq \lambda \leq 1$，λ 越趋近于 0，说明二者的冲突越大，政府官员越倾向于给非公共目标设定更高的权重；λ 越趋近于 1，说明二者的冲突越小，政府官员越倾向于给公共目标设定更高的权重。

一旦政府官员的目标函数具有更大的非公共性，则体制效率再高也无济于事。因此，行政效率函数可以更完整地表示为：

$$g = f(\lambda, z(\alpha, p, np), e) \begin{cases} \alpha \to 0, g \to 0 \\ \alpha = 1, g = f(e) \end{cases}$$

该式表明，当政府官员的目标偏离了公共目标 $\alpha \to 0$ 时，会直接导致行政效率低下；只有在政府官员设定一定的公共目标的情况下，体制效率才会起作用；在最理想的状况下，$\alpha = 1$，行政效率完全取决于体制效率。

通过分析，我们得到的启示是，要想提高行政效率，首先要使政府官员对公共目标设定更高的权重，使得 $\alpha = 1$。要使 $\alpha = 1$，前提是使公共目标和非公共目标的冲突系数最小，即 $\lambda \to 1$。这事实上就转化成一个激励相容问题，即设定怎样的政府官员考核体系，使得他们的公共目标和非公共目标达到激励相容。

现实中，一方面，作为理性的经济人，政府官员中不可避免地会存在腐败、寻租等获取个人利益最大化的机会主义行为，以及当地官员的一贯作风所形成的路径依赖的影响。另一方面，事实上，由于城市竞争日益加剧，以及政府官员考核体系的日益完善，经济增长、就业、招商引资以及环境质量等都成为政府官员的考核指标，这些考核指标在一定程度上实现了激励相容，即政府官员只有实现了这些指标才可能获得自身利益最大化，包括职位升迁、良好的声誉和经济上的利益等。

当政府官员确定了公共目标，则行政效率的高低就取决于体制效率。现实中，我国中西部的不少城市都迫切地希望提高城市竞争力，但是，由于思想观念的束缚和偏差，有的政府官员在正确的目标下却做出了不利于城市竞争力的制度规定。比如实行地方保护政策、对外地产品设置行政壁垒、主观判定名牌产品等等。因此，体制效率的高低主要取决于三个方面：一是取决于政府官员的思想观念，即是否能够正确地理解城市竞争力；二是取决于机构设置和沟通渠道，即是否设置了精简的机构，以及从政府到投资者和居民等微观经济主体是否存在顺畅的沟通渠道；三是取决于政府的能力和激励约束制度，即政府是否具有敏锐的洞察力、准确的判断力和高效的执行力，对各个行政机构和人员是否设置了有效的激励约束制度。

2. 外部投资者和消费者的心理认知

投资者对城市的心理认知使得城市具有了情感利益。心理感应系数 β 由三方面因素构成，分别是城市的外貌景观、市民的行为习俗和城市的对外宣传。当目标顾客从未到过该城市时，其心理感应系数主要来源于从各种渠道获得的认知，包括该城市的主动宣传、各种媒体报道、城市的产品品牌以及其他渠道。一旦目标顾客来到该城市，其心理认知就主要来源于城市的外貌景观和市民、企业等微观主体的行为方式，投资者在与该城市居民或企业的交往中的任何一次美好或不愉快的经历，都可能成为他选择或者放弃该城市的理由。

第三节　城市品牌引力模型动态分析

一、城市品牌引力动态模型

我们已经建立了一个城市品牌引力静态模型，但是，如果考虑时间因素，不同时期的城市品牌引力可以累加吗？由于城市品牌建设是一个动态过程，随着时间的推移，有的品牌逐渐强化，有的品牌逐渐弱化。任何城市都不可避免地会受到历史的影响，因而城市的历史品牌会不同程度地影响现有城市品牌，但不是简单累加的问题。我们可以把历史品牌分成三类：一类会对当期城市品牌产生正效应，强化现有城市品牌，如历史文化和名胜古迹，现在是许多城市的旅游景点；一类对当期城市品牌产生负效应，弱化现有城市品牌；还有一类历史品牌会随着时间逐渐淡化，对城市当期品牌不再产生任何影响。

假设用 B_0 表示现有城市品牌集，用 B_H 表示历史品牌，则 $B = B_0 + B_H$。即当期城市品牌是由现有品牌加上历史品牌的影响而产生的。

如 $B_H > 0$，表示历史品牌正向强化现有品牌，在城市品牌建设中应当进一步强化它；如 $B_H < 0$，表示历史品牌负向弱化现有品牌，是城市品牌建设的阻力，应当克服它；如 $B_H = 0$，表示历史品牌已经淡化，不再作用于现有城市品牌。对历史品牌的回顾目的在于对城市曾经拥有的历史品牌进行梳理，以便扶强去弱，增强当期城市品牌引力。

反过来，如果我们以发展的眼光向前看，则任何一个当期城市品牌都是明天的历史品牌，任何一个城市都希望自己能够保持长期竞争力，而不是昙花一现，我们也不能以牺牲后代的利益为代价来谋求当代人的短期利益。那么，在考虑时间因素的条件下，如何能够保证依此模型所构建的城市品牌一定能够持续地提升城市竞争力呢？现在，我们考虑时间因素，构建一个城市品牌引力动态模型如下：

$$
\begin{aligned}
BA_t &= \beta_{it} \cdot \left(\sum M_{it} - \sum C_{it} + \sum BV_t \right) \\
&= \gamma_t \cdot \left(\sum IB_t + \sum TB_t + \sum CB_t \right) \\
&= \gamma_t \sum_{i=1}^{3} \sum_{j=1}^{m} BR_{ijt}
\end{aligned}
\tag{5-6}
$$

BA_t 表示第 t 期的城市品牌引力，那么，考虑时间因素后，城市品牌的长期持续引力可以达到多大？可用公式表示如下：

$$
BA = BA_{t_1} + BA_{t_2} + \cdots + BA_{t_N} = \int_{t_1}^{t_N} BA_t dt
$$

要使长期城市品牌引力从而城市长期竞争力最大，只需使 $\int_{t_1}^{t_N} BA_t dt$ 最大。而 $\int_{t_1}^{t_N} BA_t dt$ 最大，取决于两个因素：各个时期的城市品牌引力 BA 和城市的存续期限 N。从静态看，各个时期 BA 的大小直接取决于城市品牌品类度综合指数 B；N 的大小则不仅取决于 B，而且还取决于城市品牌集中品类品牌的个数 m，可构建函数如下：

$$N = \left(\frac{B \cdot S}{1-B}\right)^m = \left(\frac{B}{1-B}\right)^m \cdot S \qquad (5-7)①$$

　　如同企业一样，对于一个城市来说，当然希望能够永远存续，实现可持续发展，并在竞争中保持一定的地位，因此，要保持城市的持续竞争力，就必须使 N 趋向于无穷大，怎样使 N 趋向于无穷大呢？现在的问题就变成了求：$N \to +\infty$

　　约束条件为：

$$\begin{cases} 0 \leqslant B \leqslant 1 \\ 0 \leqslant S \leqslant 1 \end{cases}$$

　　因此，根据公式（5-7）及其约束条件：

　　首先，我们考察当品类品牌个数 m 一定时，城市品牌品类度综合指数 B 和城市品牌策略 S 对 N 的影响。该问题的解为：$B \to 1$，且 $S = 1$，也就是说，欲使城市具有持久的竞争力，即 $N \to +\infty$，那么一方面要使尽可能多的品牌尽量成为某个单一利益点即品类的代名词，即 $B \to 1$，当然能做到"极端"即 $B = 1$ 最好，即让品牌集中所有品牌都等同于某个品类，然而这是几乎不能实现的；同时要保证策略正确，即 $S = 1$。

　　其次，我们考察当城市品牌品类度综合指数 B 一定且 S = 1 时，品类品牌个数 m 对 N 的影响：

　　当 $B \to 1$ 时，$\frac{B}{1-B} > 1$，所以，m 越大，则 N 越大；

　　当 $B \to 0$ 时，$\frac{B}{1-B} < 1$，所以，m 越大，则 N 越小。

　　可见，城市品类品牌数 m 在分散风险的同时也分散了资源配置。一方面，m 越大，城市的利益点越多，可以满足目标顾客的不同需求，从而摆脱对单一品牌的过度依赖和风险集中；另一方面，

---

　　① 该公式由经济永续增长的品牌经济模型变异而来，参见孙日瑶、刘华军. 经济永续增长的品牌经济模型 [J]. 福建论坛（人文社科版），2006（2）：67-71.

m 越大，也意味着同样的资源被配置在更加分散的用途。因此，城市究竟应该采取多品牌策略还是单一品牌策略要取决于该城市调动资源的能力，包括内部资源和外部资源，内部资源的多少一般由城市的区位条件和规模等客观因素决定；但是在竞争中更重要的是对外部资源的吸引力，而城市对外部资源的吸引能力的大小又反过来取决于城市品牌综合品类度，城市品牌的综合品类度越高，城市调动外部资源的能力越强，就能够吸引更多的资源培育多个品牌。对于那些调动外部资源的能力弱、规模又小的城市，最好的策略是集中优势资源培育核心品牌。

总结上述因素，动态地看，城市品牌引力大小取决于三个因素：城市品牌品类度综合指数 B、城市品牌集的大小 m 和城市品牌策略集 S。要使城市品牌引力达到长期最大化，即实现城市竞争力的持续提升，在满足策略集 $S = 1$ 的必要前提下，根据城市的现实情况，有两条道路可走：一是在城市现有竞争力较强且调集资源的能力较强的情况下，应采取分散风险策略，力争培育多个品类度较高的品牌；二是如果城市现有竞争力较弱，则很难保证所有的品牌都能够做到 $B \rightarrow 1$，也就是很难保证所有品牌的品类度，此时应当集中优势资源实行单品牌策略，以期从某一点上取得突破。这也就解释了为什么大城市要强、小城市要特的问题。

当然，城市竞争力是一个动态概念，因此，在城市经济发展的不同阶段、处于不同的等级序列时，应当采取不同的品牌策略。在城市规模允许的条件下，随着城市竞争力的提升，城市能够利用的各种资源随之增加，会有更高的能力保证多个品牌的品类度，应当适时实行多元化，形成多个品牌和多个利益点，以满足消费者的不同需要。若一直坚持单一品牌策略，不仅在同等级城市中的竞争地位会受到挑战，而且，一旦该单一品牌受到不测因素或其他因素的影响，则整个城市会由于风险过于集中而面临竞争力迅速下降的巨大风险（如煤炭城市阜新）。

所以，城市品牌的最优模式应当是在统一的城市品牌下，拥有多个品类级品牌，目前，实践中做得最好的是宝洁公司，因此，本书把这种模式称为城市品牌的宝洁模式。宝洁公司把市场进行了细分，而且针对消费者的不同需求，对每一个品类都创建了一个品牌予以代表，比如洗发水产品，宝洁公司就拥有海飞丝（去屑）、飘柔（柔顺）和潘婷（营养护发）等品牌。这种模式能够最大限度地占领各个细分市场，同时又避免了核心利益的模糊化给消费者的选择带来的困惑。城市品牌则采用品牌集策略，品牌集越大、品牌品类综合指数越高，城市品牌引力越大，竞争力越强。

为了实现城市品牌的宝洁模式，比较可行的做法是实行品牌梯队战略，即先集中优势资源培育一两个领先品牌，同时选择后续的第一梯队和第二梯队品牌。以领先品牌带动后续品牌，并不断扩大品牌梯队，增加城市的利益点，这样可以避免一个品牌失败给城市竞争力带来的巨大震动。青岛是我国最早实施名牌战略的城市，自1984年实施名牌战略以来，目前已形成了三大品牌梯队，第一梯队以海尔、海信、青岛啤酒、澳柯玛等大企业为主体，以发展国际品牌为目标。第二梯队以石化、汽车、造船、电子及应用软件等产业为主体，以建立行业领先优势、做大品牌为目标。第三梯队以民营企业为主体，以培育品牌为目标，引领亨达、金王、国人、正进、银河、巴龙、红领、一诺、好事中等一批民营企业走质量效益型发展道路，向国际领先水平看齐。品牌梯队战略的实施，使青岛的经济体系更为丰满，也更具实力。在产品品牌的坚实基础上，借助2008年北京奥运会，青岛凭借其得天独厚的水域条件，打造了"帆船之都"这一城市品牌。

二、城市品牌引力的动态均衡

城市并非孤立地存在，而是存在于城市等级体系之中，因而，城市品牌引力只有在与相关城市的作用关系中才有意义。因此，根据城市品牌引力模型所计算的城市品牌引力大小的绝对值并没有决定性意义，只有和其他城市的比较中才能确定其真正的引力大小。

根据城市品牌引力模型，可以计算出每一个城市品牌的引力，因而可以计算两城市品牌引力之比，我们把它称为城市品牌引力系数，用公式表示为：$BA_{ij} = \dfrac{BA_i}{BA_j}$。

因而可以得到一个城市品牌引力系数矩阵，如下：

$$\begin{bmatrix} BA_{11} & BA_{12} & \cdots & BA_{1n} \\ BA_{21} & BA_{22} & \cdots & BA_{2n} \\ \vdots & \vdots & \vdots & \vdots \\ BA_{n1} & BA_{n2} & \cdots & BA_{nn} \end{bmatrix} = \begin{bmatrix} 1 & BA_{12} & \cdots & BA_{1n} \\ BA_{21} & 1 & \cdots & BA_{2n} \\ \vdots & \vdots & 1 & \vdots \\ BA_{n1} & BA_{n2} & \cdots & 1 \end{bmatrix}$$

该矩阵表明了城市体系中各城市两两之间相互的城市品牌引力，考虑城市之间的城市品牌相互引力后，才可以测算出城市品牌真实的引力大小。

从总体上看，当 $BA_{ij} > 1$ 时，投资者（及生产要素）和消费者流向城市 i；反之，如 $BA_{ij} < 1$，则投资者、游客和消费者流向城市 j；当 $BA_{ij} = 1$ 时，两城市品牌引力达到均衡，投资者、游客和消费者不再流进或流出。

但是，这种分析显然过于笼统，由于不同城市具有不同的投资品类和消费品类，而品类一定，则价格就一定，价格一定，则市场容量就一定，因此，城市竞争实际上是在市场容量一定（也就是需求一定）的条件下，品类之间以及同一品类的竞争。城市要想确定自己在整个城市体系中的确切竞争位势，必须按照品类分类分析。

首先，不同的城市对于投资者的投资额有不同的要求，假定投资额越高的城市，给投资者带来的收益也越高，那么，不同的投资者就会相应地投资于不同的城市。假定投资者总人数为 n，但是，这些投资者具有不同的投资能力，这样，可以根据投资额的大小将 n 个投资者分为 k 类，按照投资额从高到低依次为 n_1，n_2，$\cdots$，n_k，

$n_1 < n_2 < \cdots < n_k$。如图 5 - 2 所示，纵轴代表投资额，横轴代表投资者人数，但是，注意，图中的 OM 不表示投资者总人数，该图仅表明不同的投资额对应的投资者人数是不同的，一般来说，投资额越高，对应的投资者人数越少。假设收益率一定的条件下，对任何城市来说，投资额越低，投资者对城市的投资需求就越大。但是，就整个城市体系看，不同的投资额往往对应着不同的收益率，因此，那些能够承担高投资额的投资者并不会仅仅因为某个城市的投资门槛低就投资于该城市，而是会投资于能够给自己带来更高收益率的城市。因此，不同的城市因对投资额的要求不同，从而形成不同的城市等级。

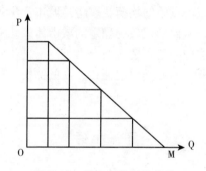

图 5 - 2　投资者的需求曲线

资料来源：作者自绘。

其次，在同一城市等级中，也就是在投资额一定的情况下，又可能存在多个品类（如图 5 - 3 所示）。则哪个城市占据的品类越多，哪个城市的品牌引力就越大。假设在投资额 P' 下有 4 个品类，A 城市占据了 3 个品类 B_1、B_2、B_3，则 A 城市会吸引该三类投资者；而 B 城市只占据 1 个品类，则虽然 B 城市在总体实力上不如 A 城市竞争力强，但是，B 城市却在 B_4 品类上独具竞争优势，具有非常强的竞争力。这样，在同一等级的城市中，又会形成不同的品类品牌分工。

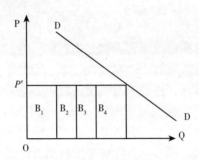

图 5 – 3　投资额一定下的品类分布

资料来源：作者自绘。

最后，整个城市竞争的均衡状态将是城市竞争等级体系下的品类品牌分工体系，从而形成较为稳定的城市体系。

动态地看，这种稳定是暂时的，由于技术进步和创新，或者外部力量的冲击，原有的品类可能死亡，新的品类可能诞生，由此进入新一轮竞争。

本章小结

第四章解释了为什么城市品牌能够作用于城市竞争力，其内在的机制在于降低目标顾客的选择成本。本章则侧重解释了城市品牌是如何影响目标顾客的选择行为，从而这两章共同回答了导论中提出的第二个问题，"为什么同质化产品能在不同区域之间销售?"正是因为城市品牌集里不同的品牌决定了目标顾客选择的成本和收益的不同，从而同质而不同品牌的产品可以在不同区域之间销售。认识到这一点，对城市在竞争中的合理定位、错位发展至关重要。

城市品牌之所以能降低目标顾客的选择成本，是因为其所包含的品牌因子。本章把城市品牌的引力因子归结为五个：市场因素、成本因素、品类品牌、政府行政效率以及外部投资者和消费者对城市的心理认同感。经过对城市品牌引力模型的静态分析和动态分析，得出城市品牌引力作用于城市竞争力的基本结论。首先，静态地看，在城市品牌策略 S 完全正确的条件下，城市品牌品类度综合指数越接近于 1，城市品牌引力越大。若要增强城市品牌引力，城市必须不断提高品牌品类度。其次，动态地看，城市品牌引力大小取决于三个因素：城市品牌品类度综合指数 B、城市品牌集的大小 m 和城市品牌策略集 S。要使城市品牌引力达到长期最大化，即实现城市竞争力的持续提升，在满足策略集 $S = 1$ 的必要前提下，根据城市的现实情况，有两条道路可走：一是在城市现有竞争力较强且调集资源能力较强的情况下，应采取分散风险策略，力争培育多个品类度较高的品牌；二是如果城市现有竞争力较弱，则很难保证所有的品牌都能够做到 $B \to 1$，也就是很难保证所有品牌的品类度，此时应当集中优势资源实行单品牌策略，以期从某一点上取得突破。这也就解释了为什么大城市要强、小城市要特的问题。

第六章　城市品牌定位 SIC 模型

第一节　城市品牌定位概念辨析

一、城市定位与城市品牌定位的概念辨析

"定位"这一概念最初由《广告时代》的系列文章提出，引起人们的注意。至 1981 年，艾·里斯和杰克·特劳特出版了《定位》一书，在广告界和营销界引起广泛关注。艾·里斯认为，定位就是在预期客户的头脑里给自己的产品确定一个位置。在这个概念中，他强调了两点。（1）"定位要从产品开始，那产品可能是一种商品、一项服务、一个机构甚至是一个人，也许就是你自己。"可见，产品是一个非常宽泛的概念，如果我们把城市作为产品的集合，则对城市本身也可以定位，但是，这种定位必然不同于普通的产品定位，而应当是多侧面的。（2）"定位不是你对产品要做的事。定位是你对预期客户要做的事。换句话说，你要在预期客户的头脑里给产品定位。"这是定位的本质意义，即在哪里定位？艾·里斯指出人们的头脑才是真正的战场，定位的本质在于使目标客户接受该信息。

不同的学科可以就同一问题从不同的角度加以研究，这里，本书试图用经济学语言对"定位"概念进行重新阐释。古典经济学主要研究稀缺资源的最优配置问题，通过稀缺资源的最优配置

实现生产效率最大化。在产品过剩和信息大爆炸的时代，产品过剩集中表现为信息过剩，面对大量的信息，消费者的注意力则是稀缺的。消费者现在面临的问题是如何以最小的选择成本满足自己的既定偏好，为了合理分配注意力，消费者必然把注意力分配到能够以最小的选择成本满足自己的偏好的产品信息上。哪一种产品信息能够符合消费者的偏好，并提供有效信息实现目标顾客选择成本最小化，该种产品就会在消费者头脑中占据特定的且稳固的位置。

因此，目标客户就是具有特定的偏好可加的消费者群体，他们才是定位的对象，在目标客户的头脑中定位，就是让该消费者群体认可并接受品牌的单一利益点。实际上，单一利益点是消费者的某一特定偏好的需求，品牌只不过是符合了这种需求，而不是品牌创造了这种需求。根据前文论述，消费者需求的单一利益点就是品类，所以，从经济学意义上讲，定位就是在具有特定偏好可加的消费者群体的头脑中确定一个单一利益点，即品类。定位的实质就是对品类的确定。该品类是否存在取决于消费者的认可，即是否存在一个具有该种偏好的消费者群体，而不是取决于品牌创建者的认知或希望。

相应地，我们可以把城市品牌定位理解为确定一个城市在目标客户（即具有特定偏好可加的消费者群体的）头脑中所代表的品类。由于城市品牌的核心是城市品牌集，该品牌集中的每一个品类品牌代表了消费者需求的最基本的单一利益点。其中，每一个品牌都会在消费者的头脑中有一个定位。城市品牌作为产品品牌的合力作用结果，其在目标客户头脑中应该有一个更加广泛的品类确定。

无论是产品品牌还是城市品牌，其定位的所在都是消费者的头脑。应当从目标客户的偏好出发给城市品牌定位，这一点是我们区别于传统城市定位理论的基本点。我国传统的城市定位思想散见于城市规划、城市经济学以及区域经济学等学科，其基本立足点是从城市本体出发给城市定位，目标客户的偏好和需求隐藏在城市的定位战略背后，而且往往被忽视。

比如，被引用最多的阎小培（1994）等认为，城市定位是指在社会经济发展的坐标系中综合确定城市坐标的过程。① 南京大学刘荣增（2001）进一步认为，城市定位主要涉及三个层次：一是城市在不同区域尺度空间社会经济地位的确定，包括社会文化联系、经济分工关系及空间区位关系等；二是城市社会经济发展战略的确定，其定位又主要是通过产业发展定位得以体现；三是城市发展特色的确定。② 张复明（2000）认为，城市定位应当由定性、定向、定形和定量四个环节组成。定性是指明确城市的性质，即筛选出对城市具有重大意义的主导性、支配性城市职能；定向即确定城市的发展方向；定形是指城市形象的确定；定量是从数量的角度给城市发展以某种形式的标定。③

基于这种定位思想，我国的城市品牌定位主要围绕城市产业和城市功能为核心进行。无疑，城市产业和城市功能是城市存在的硬核，但是仅只于此还远远不够，因为确定一个产业只是表明了城市的产业发展方向，并不能给目标客户一个选择该城市的理由。

比如石家庄定位于"药都"，这只是表明石家庄市将致力于发展医药产业，那么，希望投资于医药业的投资者是否一定会投资于石家庄呢？假如还有其他的城市定位于"药乡""医药之城"等等，投资者应该投资于哪个城市呢？事实上，投资者投资于石家庄的医药行业，是因为石家庄市在提出"药都"定位后，采取了一系列措施提供医药行业发展的平台和配套设施，这些措施通过提供配套产业链降低了投资者的运营成本、通过发展产业集群间接提高投

---

① 阎小培等. 地理、区域、城市 [M]. 广州：广东高等教育出版社，1994.

② 刘荣增、崔功豪、冯德显. 新时期大都市周边地区城市定位研究 [J]. 地理科学，2001（4）：158 – 163.

③ 张复明. 城市定位的理论思考与案例研究——以太原市为例 [J]. 经济地理，2000（11）：48 – 51.

资者的收益，使投资者能够更加顺利地运营。因此，具备医药行业
的发展平台和配套产业链才是投资者选择石家庄的理由。

城市产业为城市投资者指明方向，但是，城市产业不是一个品
类，它不能给目标客户一个选择的理由。城市产业定位之后，要进
一步确定提供什么利益点、吸引什么样的投资者和消费者，换句话
说，针对投资者和消费者的偏好定位才构成一个品类，只有达到品
类定位才是城市品牌定位。

二、由外及内的城市品牌定位拉力模式

借鉴艾·里斯的定位理论，我们不妨把传统的城市定位思维称
为由里及外的推力模式，这种思维模式的错误在于，一厢情愿地把
城市未来的发展方向和愿望作为定位基点。其逻辑思路是：城市根
据自身的优劣势确定未来的发展目标，然后根据此目标制定各种策
略，相应地，投资者和消费者就会选择该城市。问题是，谁是我们
的投资者和消费者？城市品牌定位不能针对所有的人，即便城市是
一个多元化的实体，但是，它至少应当针对某一类型的人，即具有
特定偏好的客户，他们才是城市的目标顾客。

现实中，有不少城市在进行城市品牌定位时，都是遵循由里及
外的推力模式，即城市有什么就对外宣传什么，并没有考虑目标顾
客的利益和需求。这种模式往往仅从城市的一个方面进行定位，要
么定位过于狭窄，不能起到拉动整个城市经济增长和提升城市整体
竞争力的作用；要么定位过于肤浅，不能反映城市的核心价值和目
标顾客的利益需求。

如济南市把济南定位为"泉城"，应该说这一品牌非常有价值，
因为"泉城"不仅突出了济南拥有得天独厚的"名泉"资源，而
且还有与之相关的丰富历史文化。但是济南的"泉城"是仅就
"泉"而论泉，没有赋予"泉"以现代化的、更深的含义，没有把
"泉"与济南这个"城"作为一个整体系统有机结合起来，因而，
本人认为目前对"泉城"的定义太窄，只具有把济南区别于其他城

市的标识功能，其目标函数是吸引旅游资源和游客，实际上还不是真正意义上的城市品牌。"泉城"济南因名泉而有一定的知名度，但仅仅是有名，投资者和消费者会因为济南的名泉而选择到济南投资或购买济南的产品吗？对于一个省会城市，仅靠旅游业，尤其是观光旅游，恐怕无法和其他城市竞争。名泉可以作为济南的一个旅游品类，即济南城市品牌集里的一个品类品牌，但是不能作为城市品牌本身，城市品牌必须代表一个城市在整个城市体系中的战略定位，也即一个城市存在的理由，被目标客户选择的理由。在激烈的争夺资金、人才、政策、旅游者的竞争中，不进则退，有名不代表永远有名，有名也可能会被人淡忘。城市品牌不仅表达出某一城市的地理特色，更重要的是符合目标顾客的利益，给他们一个选择的理由。这个利益点既可能是物质的，也可能是精神的，比如一个城市的形象、文化和价值观等。所有这些作为一个系统整体统一于城市品牌之中，对内使本地居民产生凝聚力和创造力，对外产生吸引力（吸引各种生产要素、资源流入）和扩张力（扩大本地产品的市场需求），最终指向一个目标函数：经济发展和城市竞争力的提高。

如果我们用 B_1 代表具有历史文化的名泉这个品类，Y 代表旅游业，则目前"泉城"品牌窄定义的目标函数为 $Y = f(B_1)$，即用"名泉"来促进旅游业发展。

我们用 $B = (B_1, B_2, \cdots, B_n)$ 这一集合来表示品牌及其丰富的内涵要素，用 Z 表示经济增长和发展，则把"泉城"作为城市品牌来定义的目标函数为 $Z = f(B)$，$B = (B_1, B_2, \cdots, B_n)$。即包含多个利益点的城市品牌的目标是促进本地区经济增长和发展。当然，这里面有一个函数的转化过程。

显然，品牌 B 包含了"名泉" B_1，其内涵要丰富得多，而 Z 这一目标也比 Y 更长远、更完整，更加充分体现了城市品牌的溢价功能。

又比如，郑州市曾把自己定位为"绿城"便过于浅化。首先，这一定位只是突出了郑州市的市容形象，并没有传递出针对目标顾客的利益点在哪里。其实，郑州市作为河南省的省会，地处中原腹地，交通便利，商业繁荣，同时又具有深厚的历史文化积淀，其精神特质有中原人特有的厚重、诚信和大智慧等等，这些都应融入城市品牌并传递给外界。其次，"绿城"这一定位也并不能形成郑州市不可替代的差异化个性特征。"绿城"这一称号始于 1985 年，当时，经过几十年的不懈努力，郑州市区绿化覆盖率达到 32.52%，人均绿地面积 4.12 平方米，位居国务院公布的全国 317 个大中城市之首，"绿城"的美誉由此而来。但是，随着近几年国家对环保的日益重视，各城市对环境保护和市容市貌等基础设施建设加大投资，很快追赶上来。根据国家环保局《47 个环境保护重点城市环境管理和综合整治年度报告》，2003 年重点城市建成区的绿化覆盖率达到 36.17%，郑州市 36.10%，北京市 41.07%，大连市绿化覆盖率达到 41.8%。另外在其他指标如空气污染指数等方面，郑州市也落后于其他大城市。可见，"绿城"这一城市定位既不能反映郑州市的地理优势和经济基础，也不能反映其核心精神文化和价值观，甚至于连"绿城"这一称号本身也显得有些名不副实，至少在城市绿化方面郑州已不具有领先优势。基于这一现实，郑州市在不断调整自己的定位，在最新的《郑州市城市总体规划（2018 ~ 2035 年）》中，郑州市提出要把郑州市建设成"具有创新活力、人文魅力、生态智慧、开放包容的国家中心城市"，伴随着航空港经济综合实验区的建设，积极推进招商引资，引进了菜鸟网络、云集微店等国内知名企业。其中，淘宝全球购和天猫国际共完成 218.19 万单，货值 2.29 亿元；云集微店完成 122 万单，货值 1.38 亿元；京东全球购完成 115.39 万单，货值 1.39 亿元，龙头企业集聚带动作用明显增强。[①]

因此，城市品牌定位要获得成功，必须放弃传统的由内及外

① 资料来源：国际商报［N］，2018 年 7 月 26 日。

的推力模式，采用一种全新的由外及内的拉力模式，站在第三者的角度对城市品牌进行客观定位。这种由外及内的拉力模式基于城市自身的比较优势，从预期目标顾客的偏好出发，寻找某个单一利益点以满足目标顾客的偏好，确定一个品类，形成城市品牌定位，然后围绕该定位制定各项策略，以确保该定位准确无误地传递给目标顾客并履行其承诺。由于基于品类的城市品牌定位直接针对目标顾客的偏好提供单一利益点，就是给目标顾客提供了一个选择该城市的理由，只要策略正确，就能够在满足既定偏好的条件下实现目标顾客的选择成本最小化，从而使目标顾客不假思索地做出选择。

第二节　城市品牌定位的 SIC 模型

一、城市品牌定位的 PCC 分析

城市品牌定位的核心是确定品类，品类一旦确定，就是确定了目标顾客。但是，这种由外及内的思维模式在实施时却应当由内及外地进行，首先要确定城市自身的产品是什么，只有确定了城市的产品之后，才有可能锁定目标顾客，那么，目标客户确定了之后，还要考虑该产品是新产品还是老产品，是否存在竞争对手？如果是老产品，竞争对手是谁？如果是新产品，是否有替代品？替代品的提供者就是竞争对手。因此，科学的城市品牌定位必须建立在对这三个核心问题非常明确的基础上，即城市的产品是什么（products）？目标客户是谁（consumers）？竞争对手又是谁（competitors）？

（一）城市的产品是什么

对城市产品的理解主要见诸城市经营思想，有两种不同的观点。一种是产品观，这种观点又可以分为狭义和广义两种。狭义的观点认为，城市经营的产品应当是企业等非政府组织不愿而且不能

提供而只能由城市政府提供的公共产品和服务，这些公共产品和服务的作用是提供良好的投资环境、居住工作环境和开发城市特殊产业如会展业等。广义的观点认为，城市经营的产品不仅包括公共产品和服务，还包括营利性企业和组织提供的所有商品和服务。另一种观点是资源观，也有狭义和广义之分。广义的观点认为，城市的产品是指城市的一切资源，包括自然资源、经济资源和社会资源等，是一种泛资源的概念；狭义的资源观认为城市的产品主要是城市的公共产品和公共资源，如土地和国有企业，其核心是如何实现城市资产的保值和增值，提高其利用价值。

这些观点从不同侧面给出了对城市产品的解释，但是，均无法把握城市产品的全貌和本质。城市是一个多维复合体，是一个复杂的社会、经济和文化系统，一个城市可能为投资者和消费者提供的产品也是多种多样的，我们在分析时不可能穷尽城市的所有产品和服务，这就要求把握其最核心的本质。那么，从城市竞争力的角度看，其核心表现是什么呢？迈克尔·波特在《国家竞争优势》中指出，一国的竞争力集中表现为产业竞争力，它同样适用于城市以及其他大小不等的区域。因此，如果对城市的产品给出一个简要的回答，那就是城市的产业体系。任何城市在进行发展规划中都会把产业体系作为一项重点内容，产业一旦确定，就确定了基本的投资方向，城市会以产业发展为核心提供一系列相关基础设施，鼓励配套和支援性产业的建立等等，从而引导资源配置，以此为核心形成的不同资源配置就成为城市向投资者提供的产品。因此，城市的任何资源只有和一定的产业相联系时才构成城市的产品。同时，产业一旦确定，也就相应确定了面对消费者的产品体系，一个产业内可能包含许多产品类别，其中每一类产品又可包含多个品类，最终构成向消费者提供的产品。

一个城市的产业可能是专业化的，也可能是多元化的，形成一个产业体系。因此，城市提供的产品以产业体系集中表现出来，但是围绕产业体系向投资者提供的不同资源配置和向消费者提供的不同产品才是城市产品的基础。

（二）谁是城市的目标顾客

确定谁是城市的目标客户并非易事，也绝非凭空臆想，应当从城市自身的现状开始，而一个城市的构成要素又非常复杂，这一点从城市竞争力理论的发展中就可以窥见一斑，其中城市竞争力的选取指标日益增多，倪鹏飞博士的《中国城市竞争力报告 No. 15》中就设有 228 项指标，况且各个城市的要素构成又千差万别，究竟选择哪些要素或要素组合形成一个利益点？这个利益点符合什么样的目标客户的什么偏好？

城市产业体系的确立只是提供了一个基础产品，但是，要确定目标顾客，必须在此基础产品上找到某一个单一利益点。投资者并不会仅仅因为一个产业投资于某一个城市，而是因为在这个城市投资于该产业可以获得更高的利润，或者该城市兼具投资者所偏好的其他利益点。一种产业可能在一个城市投资利润很低，但是投资于另一个城市就可能获得可观的利润。因此，城市确定了产业体系后，必须针对目标顾客的偏好寻找某一单一利益点，对单一利益点的寻求过程就是确定目标客户的过程。

（三）谁是城市的竞争对手

为了找到这个利益点、确定目标顾客，还必须对竞争对手进行分析，只有和竞争对手相比具有竞争优势的要素才可能作为构成品类的核心要素。这就要确定谁是城市的竞争对手？

我国的城市在竞争中习惯于把邻近的城市作为竞争对手，在生产要素流动性日益增强的今天，这种观点过于狭隘。一般来说，城市可以考虑以下竞争对手。

第一，和同等级的城市竞争。城市在竞争中所处的地位，是指一个城市在城市竞争等级序列中所处的层级位置，一般城市只和本层级的城市进行激烈的竞争，和上、下级城市之间虽然也存在竞争，但更多的是基于地域分工的协同效应。比如，在中原城市群的竞争中，郑州市作为河南省的省会城市，其竞争对手绝非河南省内的其他任何城市，而应当把武汉、太原等作为竞争对手。同样，在争当西部门户的城市中，西安、成都、重庆也在进行激烈的竞争。

第二，和产业结构相近的城市进行竞争。城市之间的产业结构越接近，竞争将越激烈，此时，产业分工已不能成为城市定位的终点，城市要想获取竞争优势，必须在产业基础上确定区别于竞争对手的品类。因此，确定竞争对手应当综合考虑。比如，上面提到的郑州、武汉和石家庄虽然都在争当中原地区的龙头城市，但这是城市在空间上的功能竞争，事实上，三个城市的产业选择各具特色，互不冲突，武汉提出建立中国光谷，石家庄则明确提出建立药都，郑州的产业定位目前是中原商贸城，在此暂不讨论这些定位是否合理，但单就产业定位本身看，三个城市的发展方向完全不同。因此，在各自的产业领域，城市还可能存在更强大的竞争对手。

第三，采取逆向思维，和上级城市进行竞争。同等级城市之间的广泛竞争并不排除上、下级城市之间针对某一单一利益点进行竞争，现实中不乏下级城市向上级城市发起进攻的例子，例如合肥市就直接对上海发起挑战并取得了成功。在《中国城市竞争力报告 No.15》中，上海和深圳遥遥领先于中国大陆其他所有城市，城市综合竞争力达到 0.7 以上，在城市竞争中处于第一梯队，而合肥的城市竞争力指数为 0.2885，处于第三梯队。[①] 从综合竞争力看，合肥远远不是上海的对手，但是，合肥针对上海的成本高的劣势，结合自身在成本上的优势，和上海等长三角一线城市竞争国际性大集团。由于合肥的土地和劳动力成本等远远低于上海，同时又具备一定的经济和科技实力，联合利华公司就把总部从上海迁至合肥，仅

---

① 倪鹏飞. 中国城市竞争力报告 No.15 [M]. 北京：中国社会科学文献出版社，2016.

此一举就使公司平均制造成本降低 48% 。① 正所谓 "寸有所长、尺有所短"，品类概念的提出，为竞争等级序列中处于劣势的城市开辟了一条新的途径，使整体处于劣势的城市能够在某一品类上和高层级城市竞争。

总之，明确竞争对手的目的是为了避实击虚，避其优势、攻其劣势，另辟蹊径、采取分异甚至对立的品类，在城市功能分工和产业分工中找到自己的位置。直接和竞争对手竞争是不明智的做法，或者以卵击石、不自量力，或者二虎相争、两败俱伤。艾·里斯和杰克·特劳特在《定位》中指出，向市场中处于领先地位的对手直接发起挑战是无望获得成功的。在成都、重庆和西安争当 "西部第一城" 的竞争中，三个城市各有千秋，成都市在城市定位中就充分考虑了竞争对手的情况，论历史传承、科教水平，成都不如西安；论工业基础，成都不及重庆。但是，成都在文化底蕴、山川风景和闲适的生活习惯等软性资源上却又有重庆和西安所不可比拟之处，如果成都和重庆竞争工业，则不仅耗费巨大、且成功的可能性很小，会和重庆形成恶性竞争。相反，成都定位于休闲之都，和重庆形成互补，很好地发挥了中心城市的作用。

这三个核心问题全部围绕一个主题——品类设计，或者说是品类体系设计。品类设计完成意味着城市品牌定位在理论上即已完成。

二、城市品牌定位 SIC 模型

根据城市品牌定位的科学流程，从城市自身要素分析到确定品类，关键分三个步骤，即城市空间定位、城市产业定位、城市品类定位。

该三步法的确立基于城市品牌与城市竞争力以及城市产业和城市功能的关系。该关系可以简要表述为：城市品牌是城市竞争力的

---

① 合肥创新网（http://www.ctihf.com.cn/list.asp? id = 5684），2005 年 7 月 8 日。

一个要素，同时又是城市竞争力的集中体现，它是其他各项竞争力的合力体现，处于所有其他竞争力的顶端，见图 6－1。

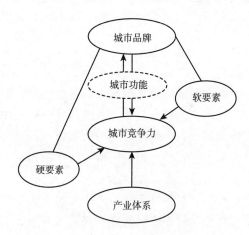

图 6－1 城市品牌与城市竞争力的关系

资料来源：作者自绘。

城市产业体系是城市的核心竞争力，也是城市的根基，产业体系一旦确定，城市功能也随之确定（由于城市功能并非城市竞争力的一个要素，但它却为城市品牌的定位确立了一个基调，所以这里用虚线画出，仅表示城市功能与城市品牌和城市产业的关系）。城市品牌即以此为基础，再整合核心软、硬要素所形成的同时具有物质和情感因素的品类代表。

由此形成的城市竞争力系统就像一棵树，产业体系是庞大的根系，支撑着整棵大树，而城市品牌则处于树的顶端，在所有的要素中，只有城市品牌具有外向性，因为其所代表的品类直接针对目标客户的偏好，城市品牌的一系列相关策略也直接作用于目标客户。人们通常认为城市品牌是城市各种信息的高度凝结，因而其强大的信息传递功能能够向外界传递城市的各种信息。事实却恰恰相反，城市品牌却正是在信息过剩的条件下，通过确定品类对目标顾客传递有效信息（即具有单一利益点的信息）而获得成功，最终通过聚集效应吸引更多的要素流入，通过扩散效应为城市产品和服务开拓市场。

（一）城市空间定位

1. 城市空间定位的理论基础

任何城市都是一定区域的中心，城市定位首先要确定城市是多大范围的核心。此空间定位并非指城市的行政区域，而是指城市的辐射范围和影响范围，即城市是多大范围的经济集聚中心。因为城市的空间范围构成城市竞争力的首要约束条件，城市必须明白要在多大的空间范围中求得发展。根据区域经济学的研究，这一空间范围取决于两个基本条件：距离和运输成本。

城市究竟能有多大？对城市规模的研究始于奥尔巴赫（1913），其所发现的城市规模和位序之间的规律经后人发展，成为位序—规模律，它表明了城市规模和位序之间存在"头轻脚重"的金字塔状结构，揭示了城市规模分布的一个基本规律，但是，这仅仅是一个描述性模型，至于为什么会呈现这种规律并没有得到进一步深究。克里斯塔勒的中心地理论在此基础上，论述了不同城市会形成大小不等的中心，而且，为了不留下空白，这些中心呈正六边形均匀分布，一个大的中心周围围绕着六个次级中心，在每一个次级中心周围又围绕着六个更小的中心，以此类推，形成一个秩序井然的网络状城市空间结构体系。中心地的大小决定着这个位置所能提供的商品的类型，克里斯塔勒首次从微观角度指出，由于消费者购买商品会产生运输成本，为使成本降到最低，消费者总想尽量靠近商品的供应商，又由于不同商品规模递增收益的范围不同，一些日常用品的规模递增收益相对有限，消费者购买频繁，因此，销售这些商品的位置就成为较小的中心。而另一些不经常消费的大件商品，消费者就愿意花费更多的运输成本以获取更高的满足程度，同时，这些大件商品的销售也需要更大的市场范围，因此，供应这些商品的位置就成为更大的中心。所以说，克里斯塔勒的贡献不仅仅在于他发现了城市等级体系呈正六边形的均匀分布结构，更重要的是他开始从消费者微观主体的角度来研究为什么城市体系会形成这种几何结构，为什么不同的中心能够提供不同类型的商品。

但是，无论位序—规模律还是中心地理论，都没有从本源上廓清为什么城市会形成大小不等的中心？也就是说，单个微观主体要有什么样的行为才能形成中心地？更为关键的一个问题是：什么样的城市才会形成更大的中心？而什么城市只能成为较小的中心？无怪乎布雷克曼（Steven Brakman，2004）等学者称克里斯塔勒的中心地理论"比探究原因的模型更具有描述性，更近乎于一种几何练习。"①

事实上，克里斯塔勒指出消费者会产生运输成本这一点是至关重要的，正是由于运输成本的存在，才使得处于不同位置的城市有可能成为大小不等的中心。下面本书用三个假设逐渐放松的模型来说明城市中心的形成。

第一，城市规模的简单模型。

首先，我们仍然假设在一个均质平原上，有 n 个大小相等的城市，城市之间由于自然禀赋、历史传统等原因，形成了各自的分工体系，这 n 个城市之间必须相互交易才能够满足各自的多样化需要。

又假设每一个城市的交通状况都一样，比如都是公路运输，每一个交易参与者都采用同样的交通工具，比如步行。

在这种条件下，会形成怎样的城市等级体系呢？哪一个城市又会成为更大的中心？在不考虑其他成本的情况下，所有的交易参与者，包括消费者和供给者都只考虑一种成本，即运输成本。又由于我们假设运输方式相同，所以，运输成本的大小即等比例于距离的大小，在理性经济人的基本假设下，交易者都会追求运

① ［荷］S. 布雷克曼，H. 盖瑞森，C. 范．马勒惠克，西南财经大学文献中心翻译部译．地理经济学．成都：西南财经大学出版社，2004.

输成本最小化，在此处即运输距离最小化。用公式表示为：$\min(d_{ij})$，d_{ij} 表示第 i 位交易者到 j 城市进行交易的运输距离的大小。当所有的交易参与者都希望自己的运输成本最小化时，哪一个城市会成为中心呢？显然，每一个交易者最理想的选择是在本地进行交易，此时他的运输距离和成本最小。但是，由于所有的交易者都追求运输成本最小化，所以，他还要考虑在当地是否能够完成令自己满意的交易，即是否能够出售或购买到自己所需要的商品。因此，交易者必须在满足交易能够完成的条件下，追求运输成本最小化，这样，在考虑到其他人的行为时，交易者集体行动的结果是，综合运输距离最短的城市成为中心城市，用公式表示为：$\min \sum d_i$，d_i 表示在满足交易完成的条件下第 i 位交易者的最小运输距离和成本。

由于商品种类不同，交易所需要的市场范围也不同，因此，对于不同商品和不同交易者来说，会有多个不同的综合运输距离最小点，相应形成多个大小不等的中心城市，即 $\min \left(\sum d_i \right)_1 < \min \left(\sum d_i \right)_2 < \cdots < \min \left(\sum d_i \right)_n$，式中，$\min (d_i)_n$ 表示所有 n 个城市中综合距离最短的城市，该城市便会成为最大的中心城市，其他依此类推，形成大小不等的中心城市。

第二，技术进步引起的变形。

现在我们放松均质平原和同样运输条件的假设，由于城市所处的地理位置不同，比如遇到山川、河流的阻隔，会使直线运输距离大为延长，甚至阻碍贸易的发展。但是，运输技术进步又会克服这种障碍，使得原本处于劣势的城市反而在贸易中获得优势。

由于运输技术的进步，现在交易者可以有多种选择，包括公路、铁路、水运和空运，由于每一种运输方式的运费率又有不同，交易者的运输成本就包括了距离和运费率两种变量，$S = d \cdot t$。交易者的成本最小化选择此时变为：$\min S = \min(d \cdot t)$，即由综合距离最短点变为综合运费最小点。

运输技术的进步可以通过两个方面改变一个城市的空间地位。一是通过改变运输方式和运费率 t，从而大大缩小运输成本，在距离 n 不变的条件下实现更小的运输总成本 S；二是运输成本的缩小则扩大了市场范围，即由于运费率 t 下降，从而使得远距离运输成为可能，也就是 d 延长，使得原本由于距离过长而不可能的贸易成为可能，市场范围扩大，整个中心发生位移，从较小的中心变为更大的中心。因此，城市也可以通过人为的努力来改变交通运输情况，从而改变自身的地位，中国民间有一句俗语："要想富，先修路"，体现的就是这种朴素的思想。我国沿海地区历史上大都属于蛮荒之地，但是，自从海运技术发展以来，港口沿岸却成为进行海外贸易的集聚地。现在我们可以回答前文中所提出的问题，即上海为什么会成为整个中国的对外贸易中心？正是由于从世界范围来看，上海恰恰是中国和世界相联系的综合距离最短点，所以大型跨国公司到中国来，第一个落脚点就是上海，上海也因此而获得了总部经济的美称。同样，青岛为什么能够成为整个华北地区的贸易中心？正是因为青岛在华北地区的对外贸易中是综合距离最短的点。而西安等内陆城市，却在对外贸易发展起来之后丧失了中心地位的优势，原因即在于随着市场范围的扩大，市场中心发生了位移，此时的中心已经不再是中原地区的中心，而是世界范围的中心城市，因此，在改革开放之后，除了特区的政策优惠等因素外，仅是市场范围转移这一条就决定了，内陆城市输于沿海城市几乎是必然之规律。

第三，制度因素引起的变形。

制度因素对城市规模的影响首先在于行政区划的影响。假如没有行政区划，那么，考虑两个区域的边缘城市，这两个边缘城市都是距行政中心最远的城市，为什么不在边缘地带发展起新的中心城市呢？事实上，由于行政区划的存在，人为割断了某些区域的联系，同时强化了同一行政区内的社会经济联系，在人为因素的控制下，各种资源自然向行政中心流动。但是，追根溯源，我们会发现，这一制度因素引起的变形实际上不足以说明问题，如果再问一句：为什么是这些城市成为行政中心？我们往往会发现，正是因为它们本身处于优越的地理位置，是交通枢纽所在地。

真正的制度因素引起的变形是由于经济制度不同，导致生产要素的流动性和生产效率产生差异而形成的。综合距离最短点和综合运费最小点是城市成为某一中心的必要条件，但并非充分条件，假如该城市的经济制度阻碍生产要素流动、不利于生产率的提高，那么，相应的次中心就会发展起来，取而代之，成为经济中心。

2. 城市空间定位设计

基于城市空间定位理论，我们可以推导出城市空间定位的基本操作原理，从中找出哪些因素是城市可以通过人为努力加以控制的，哪些因素是可以积极争取的，又有哪些是完全不可控的。

由城市空间位置所决定的城市规模大小是完全无法控制的因素，这构成城市发展的基本约束条件，城市必须在此约束条件下寻求发展机会。如果不切实际地把空间范围定位太大，则不仅城市无力达到目标，而且也不利于城市根据自身现实情况因地制宜发展经济。中国早期的城市空间定位就有许多表现出一定的盲目性和不切实际。表 6-1 是 20 世纪 90 年代中国 20 个主要城市的功能定位。

表6-1　　　　　"九五"期间中国主要城市功能目标定位

城市	定　　　位
北京	现代化国际性城市
天津	现代化国际港口大都市
上海	国际经济中心城市，21 世纪建设成世界一流水平的国际化大都市
深圳	2010 年跻身国际性现代化大都市行列
广州	现代化国际大都市，国际性交通枢纽、商贸中心、金融中心、科研中心、旅游中心

城市	定 位
哈尔滨	东北亚国际经贸城
长春	国际化大都市
沈阳	2020 年东北亚金融中心、国际化城市
大连	东北亚商贸、金融、旅游、信息中心
济南	现代化国际性城市
青岛	现代化国际城市，区域金融、信息中心
杭州	现代化国际风景旅游城市
宁波	现代化国际港口城市
南京	现代化国际性城市
武汉	多功能、现代化国际性城市
成都	现代化国际大都市
重庆	长江上游经济中心、区域性的国际经贸城
西安	中国北方西部中心城市，国际旅游城市
厦门	现代化国际风景旅游城市
烟台	综合性、多功能的现代化国际性港口城市

资料来源：倪鹏飞. 中国城市竞争力报告 No. 2. 2004, 135.

从表 6 - 1 中可以看出，20 个城市几乎全部定位于国际性大都市。事实上，目前中国的大部分城市还不具备国际性大都市的条件，进入 21 世纪之后，这些城市的战略目标定位都有所改变，变得更加切合实际。

但是，这一基本约束条件也只是决定了城市有可能成为多大范围的中心，并不能够保证城市必然成为该空间范围内的中心，在竞争中，如果一个城市不充分利用自己的优势区位条件，被其他城市捷足先登，则由于循环累积因果作用，具有了占先优势的城市的中心地位会日益强化，从而使原来具有区位优势的城市丧失发展机会。

技术进步则是城市可以争取的因素，虽然大规模的技术进步城市无法左右，但是，城市可以利用技术进步所带来的好处，比如可以通过改善交通通信状况改善城市与外部的联系和交往，改变城市的运输成本和市场范围。

制度因素是人为可以控制的因素。一个城市的政府官员可以通过向其他城市学习，通过经验的积累而逐渐改善制度环境，便利生产要素的自由流动、降低投资者的交易成本。

但是，通过分析可以发现，区位和技术所决定的距离与运输成本是城市空间定位的基本决定因素，同时也是不可控因素。制度的改善是有限的，当城市体系中所有的城市在竞争中都改善了制度效率和制度环境时，起决定作用的依然是距离和运输成本。那么，我们必然会产生一个疑问：现实中，为什么有的城市能够突破空间限制，在世界范围内开拓市场？甚至一些小城市也能够产生世界性的影响？这需要我们做出进一步的解释。

（二）城市产业定位

城市空间定位确定城市是多大范围的中心，城市功能定位和城市产业定位则进一步确定城市是什么样的中心。城市产业是城市竞争力的核心，城市产业一旦确定，其在一定空间范围内承担什么样的职能也就随即确定，城市产业定位是城市品牌定位的基础。

1. 基于比较优势的城市产业定位

虽然生产要素的自由流动使城市主动参与竞争成为可能，但这并不意味着城市可以脱离现有的客观基础，去随意发展理想中的产业。尽管现实中也存在着所谓的"零资源"产业，但是这种发展模式并不具有普适性，它仅适合于那些捷足先登者，在目前城市竞争已然炽热的局面下，再不顾当地的实际情况，一味追求所谓的"零资源"产业显然是事倍功半。因此，城市产业定位一定要基于城市现有的比较优势，在比较优势的基础上发展竞争优势。比较优势是基础，但是，比较优势只有发展为竞争优势才具有长期竞争力。

这里的关键是要明确两个问题：第一，城市的比较优势是什么？源自何处？第二，如何把比较优势转换为竞争优势？转换为具有竞争力的城市产业？

（1）对比较优势理论作一番简单的梳理或许有助于我们确定城市的比较优势来源。自亚当·斯密提出绝对成本理论（事实上，绝对优势只不过是比较优势的一个特例）至今，我们可以把前人所提出的比较优势来源归纳为以下几类。

——劳动生产率的差异。亚当·斯密的绝对成本理论和大卫·李嘉图（David Recardo）的比较成本理论都用劳动生产力的高低来解释绝对优势或比较优势，由于劳动生产率的高低来源于个体之间生产函数的差异，所以，杨小凯把它称为外生的基于技术效率差异的比较优势理论。

——要素禀赋的差异。赫克歇尔—俄林（Heckscher-Ohlin）的要素禀赋论把一国的比较优势归结为要素禀赋的差异，并且得出结论，随着生产要素在国家之间的流动，要素的价格会趋向于均衡。到此为止，古典经济学中的比较优势理论都是外生的、先天决定的，因此，可称之为外生比较优势理论。

自 20 世纪 70 年代以来，以迪克西特·斯蒂格利兹（Dixit Stiglitz）、克鲁格曼、格罗斯曼（Gene Grossman）为代表的西方经济学家发展了动态比较优势理论。其对传统理论的重要发展是将技术进步、不完全竞争、规模经济和经济增长等问题结合起来综合动态地研究一国的比较优势。

——规模经济的优势。20 世纪 80 年代，迪克西特—斯蒂格利茨、赫尔普曼（Elhanan Helpman）和克鲁格曼都引入规模经济来分析比较优势，在产品多样化偏好和规模收益递增的假设条件下，他们认为分工带来的专业化生产和消费者偏好多样化之间的矛盾，必须通过贸易来解决，由此，那些尽量把一个产业做大的国家会获得规模经济的优势，从而在贸易中占有优势。

——有利于创新的制度。多勒尔（Dollar and Wolff, 1993）等

认为，用规模经济来解释比较优势主要是针对近年来具有相似要素禀赋的发达国家之间日益增加的产业内贸易。但是它并不能解释全部的专业化和比较优势，他认为，技术差异能很好地解释比较优势，但这种解释只是针对短期有效，对长期比较优势的解释并不能令人满意。因为任何一门专有技术最终会变成国际性的公共产品。那么，什么才能成为高技术产业长期比较优势的源泉呢？多勒尔认为是在现有基础上产生新技术和训练补充性技术劳动力的制度。多勒尔把这种分析运用于发展中国家，强调制度激励和技术进步是发展中国家获取长期比较优势的源泉。

——研发（R&D）投入的差异。格罗斯曼和赫尔普曼（1989，1990）从研究与开发（R&D）的角度推进了比较优势理论，将原来盛行的对比较优势的静态分析扩展到动态分析。他们还指出，贸易有产业内的和产业间的，前者受制于 R&D 支出，后者受制于资源禀赋。

——交易费用的高低。杨小凯和博兰（Yangand Borland，1991）从专业化和分工的角度拓展了对内生比较优势的分析。他们认为无论国内贸易还是国际贸易都是折中专业化经济与节省交易费用之间两难冲突的结果。即使所有人（既是消费者，又是生产者）都天生相同，没有外生比较优势，只要存在专业化经济，每个人选择不同专业后都会产生内生比较优势。然而，生产专业化与消费多样化之间存在矛盾，只有通过贸易才能解决。而贸易又产生交易费用，当交易费用大于每个人的专业化经济时，贸易不能产生，在多样化需要的强制下，每个人只能回到自给自足状态。贸易产生的经济条件是分工经济大于交易费用。发达国家之间的贸易水平之所以较高，道理就在于发达国家的交易效率比发展中国家高，提高了分工水平，增加了商品种类数，扩大了市场容量，使得发达国家之间的贸易更为有利可图。

总之，比较优势理论的发展经历了一个从外生到内生、从静态到动态、从比较优势到竞争优势的过程。本书在这里把比较优势归结为五大类，分别是：成本优势、技术优势、规模经济优势、制度优势和市场区位优势。这五大优势分别对应于城市品牌引力模型的各个因子，成本优势和规模经济优势决定成本的高低，技术优势决定生产效率的高低，而制度优势则决定政府行政效率也即交易费用的高低，市场区位优势决定市场容量的大小。

每一个城市都可以和竞争对手相比较，从而确定自己的比较优势，可能是一种，也可能是几种比较优势的组合。

（2）第二个问题，如何把比较优势转换为长期的竞争优势？转换为具有竞争力的产业？

关于比较优势和竞争优势的含义，北京国际城市发展研究院的连玉明做出了区分："比较优势主要指个城市不同要素之间的关系，指出一个城市某个要素较其他城市所具有的潜在优势，强调不同要素之间的合理分工和配置问题。而竞争优势则侧重研究各城市同类要素之间或可替代要素之间的关系，指出不同城市之间发展同一种要素是某一城市较其他城市存在的现实优势，强调不同城市之间的要素冲突和替代的因果关系。"①

总之，比较优势强调不同要素和不同产业之间生产率的比较，而竞争优势强调同类要素之间和相同产业之间生产率的比较。比较优势是现实的客观存在，是一种短期的、静态的优势，既然是现实的客观存在，我们就要尊重它，以比较优势为基础发展竞争优势。而竞争优势是需要努力去争取的预期目标，是长期持续的、动态的优势，竞争优势不能完全消除或替代比较优势，但一个城市产业的比较优势要通过竞争优势才能体现出来。

比较优势确定之后，就要明确该优势或优势的组合适合于发展什么样的产业？怎样把这种比较优势转换为具有竞争优势的产业？

迈克尔·波特认为，一国的竞争力集中体现为该国产业的竞争力，这同样适用于城市，产业是一个城市的核心竞争力。一旦产业

---

① 连玉明. 2004 中国城市报告 [M]. 北京：中国世代经济出版社，2004.

确定，所有的投资策略、产品销售策略等等都要以此为中心进行。那么，产业怎样确定？唯一的标准就是该市所具有的比较优势，只有当依据比较优势确定了产业之后，才涉及竞争优势的问题。

迈克尔·波特认为，在国家层面上，"竞争力"的唯一意义就是国家生产力，[①] 而维持竞争优势的唯一方式就是不断地持续升级和创新，在《竞争论》中，他还指出，"创新不只是狭义的技术，还包括营销、产品定位和提供服务的方法"。本书认为，是否拥有多个强势品牌是一个产业是否成熟、是否具有竞争力的重要标志。

2. 城市产业定位与产业演进规律

在比较优势的基础上，城市产业定位还要考虑现有的产业状况，根据配第—克拉克定律，三次产业顺次发展，一般情况下在一定区域内城市不可能实现跨越式发展。在产业发展的过程中，每一级产业都为下一级产业发展奠定基础，同时，高一级产业也只有在低一级产业充分发展的基础上才可能发展起来。即便由于某种契机，一个城市暂时跨越了产业发展的阶梯，直接跨越多个经济形态发展，但是，当这种有利的外部环境发生变化时，产业发展的顺序演变规律会重新起支配作用，此时，城市就不得不补上产业发展所缺的课程。

当然，这种梯次进展不一定非要城市本身梯度进展，但是，必须要求邻近的城市体系有这种基础。比如，就国家来看，以中国为代表的发展中国家以制造业为主，以美国为首的发达国家则已完成了工业化，开始向更高的产业形态发展。美国在 20 世纪八九十年代实现了产业结构升级，把消耗资源、易造成环境污染的工业制造业大量转移到发展中国家，而美国则致力于发展能耗小、无污染的物流业、高新技术开发等智力行业和娱乐业，世界信息研发中心是

---

① ［美］迈克尔·波特著，李明轩、邱如美译. 国家竞争优势［M］. 北京：华夏出版社，2002.

美国的硅谷，影视娱乐中心在美国的好莱坞，美国的迪士尼乐园及其相关影视产品和商品遍布世界各地。美国的这些城市不一定都顺序经历了三次产业的发展，但是，由于美国产业结构的整体影响，使这些城市可以实现整体的城市分工。

这一顺次发展规律是产业结构升级和消费需求共同推动的结果。从产业演变规律看，农业是人类社会的第一种产业形态，随着农业生产率提高，一是农产品大量剩余，除解决温饱问题之外还可以满足其他手工业和贸易的需要，二是一部分劳动力从农业中解放出来，为工业发展奠定了基础。农业产品有了剩余之后，通过劳动分工和贸易实现了生产效率的提高。工业化大生产，批量生产、成本降低，增加值提高，解决了经济增长问题。随着工业的发展和人们收入水平的提高，围绕着为工业服务，发展了相应的服务业和工业支持体系，从而为第三产业发展提供了基础。第三产业不仅从工业中分离出来，而且现代高级服务业如物流、研发等反过来还支配着工业的发展，因此，第三产业发达与否，成为衡量一个国家和地区经济发展水平的一个标志。

从人类消费需求的发展规律看，马斯洛的需要层次理论解释了人类需要由低到高、由物质到精神的发展过程。农业满足了人们最基本的温饱需要，工业化大生产使物质产品极大丰富，满足了人类日常生活中衣食住行用的几乎所有物质需要。服务业虽然提供的是无形产品，我们仍然可以把它分为三类：第一类是为工业提供服务的产业，如物流、金融保险、信息咨询等；第二类是解决人们日常生活需要的服务产业，如宾馆酒店、美容美发、医疗保健等服务业，虽然也是无形产品，但是却依附于人们的物质需要，从根本上也是为了满足人们的物质需要；第三类则是纯粹解决人们的精神需要的服务产业，也就是娱乐业，包括体育、影视、传媒和旅游等。随着社会经济的发展和人们收入水平的提高，人类将会更多地从生产劳动中解脱出来，有更多的闲暇时间用于休闲娱乐，按照国际上的一般经验，当一国人均 GDP 达到 300 美元时，居民将普遍产生近距离旅游的动机；当人均 GDP 超过 800 美元时，将产生排浪式的旅游热潮。1998 年，中国人均 GDP 突破 800 美元大关，2003 年已突破 1000 美元，中国旅游业的黄金岁月已经到来。我国城镇居民年法定节假日达 114 天，占全年比例的 1/3，1984 年，国内旅游人次数仅有 2 亿人次，出游率尚不到 20%，至 2004 年国内旅游人次数已达到 11.02 亿人次，出游率达到 84.8%，仅国内旅游收入就占国内生产总值的 3.4%。① 根据世界旅游理事会预测，到 2020 年，中国旅游业总产出将占国内生产总值的 8.64%；旅游消费将占总消费的 6.79%；旅游投资将占总投资额的 8.16%，接近世界平均水平。

（三）城市品类定位

城市空间定位、城市产业定位和城市品类定位共同构成完整的城市品牌定位，因为，城市空间定位和产业定位实际上是给了城市品牌一个壳，而城市品类定位则是要确定城市品牌的内核。

在城市功能定位和产业定位的基础上，必须深入一步，即确定品类、形成城市品牌定位。如果说城市功能定位和产业定位主要针对城市内部，它向目标顾客传递的是一种描述性信息，是一种方向性的指引，那么，城市品牌定位就是一种吸引力信息，它直接针对外部，给目标顾客一个选择城市的理由，直接影响目标顾客的选择行为。

现在，我们可以回答本书第一章"问题的提出"中所提出的第三个问题：为什么像日内瓦这样的小城市可以突破空间限制、谋求更大的发展？确定正确的品类是城市突破空间限制的最有效途径。城市空间定位规定了城市发展和竞争的基本区域范围，品类定位既受到空间定位的约束，又寻求对它的突破。空间定位规定了城市的地理空间，而品类定位则开拓了城市的无形空间。在实施了品类定

---

① 资料来源于中国旅游网统计资料 http://www.cnta.gov.cn/tongjibanlan/2005/10.htm。

位从而确定了城市品牌之后，任何一个城市都有两个空间概念：一个是地理空间，受制于距离和运输成本；另一个是品类品牌空间，成功的品类定位应当能够有助于城市突破地理空间的约束。

由于产品品牌主要由企业在市场竞争中自发产生，所以，这里政府有所作为的只能是投资品类品牌。

根据本书第四章的城市品牌引力模型，影响投资者的因素总可以归结为成本和收益，因此，在城市功能定位和产业定位的基础上，城市的投资品类可以有四种基本组合，如图 6－2 所示。纵轴表示投资者的收益，横轴表示成本，整个坐标系可划分为四个区域 A、B、C、D。A 区域表示低成本、低收益，B 区域代表高成本、低收益，C 区域代表低成本、高收益，D 区域代表高成本、高收益。投资于同一个城市的不同产业会得到不同的成本收益组合，同理，同一产业投资于不同的城市也会得到不同的成本收益组合。当然，最理想的状态是 C，即低成本和高收益，此时，投资者会得到最大的利润，但是，现实中往往是低成本对应着低收益，而高收益则对应着高成本。因此，投资者总是在成本一定的条件下追求收益最大，或者在收益一定的条件下，追求成本最小化。

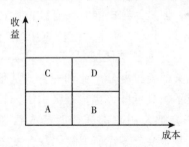

图 6－2　投资品类组合

资料来源：作者自绘。

我国改革开放早期，城市对外资的吸引就基本上采取的是低成本策略，包括廉价的土地、劳动力以及税收政策优惠。这些策略的确为沿海开放城市奠定了经济和技术基础，但是，随着对外开放范围的扩大，城市之间吸引外资的竞争开始激烈，城市之间竞相压低地价、提供更为优惠的税收等政策，其结果是除了解决就业问题之外，对当地经济的发展并无太大的帮助，最好的结果也是无发展的增长。事实上，却是鹬蚌相争、渔翁得利，这种竞争优势很快就被其他成本更低的地区和城市所取代。如今，仅仅靠简单的土地和劳动力低成本已无法吸引投资者。

低成本优势依然有效，但需要两个条件：一是要依托一定的市场优势；二是要具备综合配套成本优势。综合配套成本优势是指不仅具备土地和劳动力等成本优势，而且在产业链方面具有相关的支持体系、具备一定的人力资本、完善的基础设施，形成集聚等等。成本和收益都是相对而言，城市在竞争时，关键要针对竞争对手确定品类，因此，城市在与竞争对手的竞争中只要有针对性地提出品类即可。对于那些具有一定的市场优势，同时和竞争对手相比又具有成本优势的城市，完全可以提出低成本的品类以吸引投资者。联合利华公司总部从上海迁往合肥就是一个例子，同样，昆山的崛起也是基于和上海相比具有更低廉的成本。仅举劳动力成本一项来说，2002 年，上海的年平均工资是 18500 元，苏州是 11778 元，而昆山只有 10655 元，但是，昆山同时具有区位优势，昆山东距上海 50 千米，西临苏州 37 千米，距上海虹桥机场约 45 千米，都只需半个小时左右的车程，交通非常便捷。① 反观我国西部地区，由于市场狭小，又缺乏相关的支持配套产业和完善的基础设施，所以，尽管土地和劳动力成本极其低廉，也很难吸引国内外投资者，我们也很难想象联合利华会把公司总部迁往西藏或新疆某个城市。2004 年，中国发展研究基金会与零点研究集团联合发布了《境外资本在中国社会中的融入度研究报告》，该项研究表明：虽然对于外资的作用上是一种肯定的态度，政府官员对目前的各种投资优惠政策的改动方向判断上，与中国国内企业的高层管理者、外资企业的高层

---

① 相关资料来源于昆山市政府网站：http：//www.ks.gov.cn/。

管理者的意见还存在着一些认知上的差异。政府官员认为现在对于外来资本，各种税收优惠可以减少，一些财政费用的减免上也不需要给予特殊的关注，另外在土地使用上给予外商的各种优惠也应该考虑降低或取消。但是，对于外资企业管理者而言，这些财务利益问题对于企业还是很重要的，是否能够享受这些财务方面的优惠是他们评估一个投资环境的重要因素。另外，外商更看重的是与产业链相关的产业环境因素，政府官员则认为，应该特别做好政府服务、基础设施和治安环境方面的工作。可见投资者更看重的是综合配套成本优势。

在城市品牌引力模型中，本书把成本因素划分为区位、要素禀赋、集聚因素和商务环境四大类。每一类中又可细分为多个小类，这些成本要素之间也可以进行组合，形成不同的综合配套成本优势，再加上具体的产业安排即可形成不同的品类。目前，我国大部分城市竞争都是基于一定市场的低成本竞争。

随着产业结构升级，在竞争中处于优势地位的城市首先由成本导向转向市场导向，这是竞争的必然结果。根据城市经济学的解释，由于存在竞租曲线，各个行业对土地价格的承受能力不同，结果围绕市中心会形成圈层式的产业结构，由外到内分别是农业圈、居住圈、工业圈和服务业圈层。同理，这种产业分工结构也会在城市之间展开，原因就在于这些产业对成本和市场的敏感性不同。在六大产业形态中，农业当然是对土地价格最为敏感的一个产业，因而要求绝对低廉的土地成本；工业对土地价格也较为敏感，同时资源型工业、一般加工制造业等劳动密集型工业对劳动力价格也极其敏感，而装备制造业和高新技术工业则不仅对地价敏感，而且要求具备较高素质的人力资源；而且，越是高级的制造业，越是要求相关的支撑体系。第三产业中的贸易、物流、娱乐业则对市场十分敏感，要求接近市场区，对土地的敏感性则要小得多。因此，针对服务业投资者的品类一定要突出市场，这些投资者也更可能选择区域D高成本、高收益，比如金融保险、管理咨询等行业，尽管中心城市的各项成本较高，但是这些行业只有依托中心城市的密集人流、行业之间的相互支援才有可能生存，虽然成本高，但是，这些行业在中心城市投资所获收益更高。一些制造业可以从上海等全国性中心城市迁往其他次中心城市，但是，很难想象一个金融机构的总部会从上海搬到合肥。研发等智力产业对土地的敏感性业不高，但是要求高素质的人力资源和相关科研机构的集聚，由于智力产业以人为主，因此，优雅的生活环境和产业集聚成为投资者的主要选择。

因此，城市选择什么样的成本收益组合，一定是基于城市功能和城市产业定位的基础上，只有三者相结合，才可能形成科学合理的城市品牌定位。

成本收益组合显然不能涵盖城市品类品牌的全部，任何品类都包括物质和情感两个因素，同样，城市品牌对于投资者和消费者也存在情感因素，我们把这种心理因素归结为外部目标顾客对城市的心理认知；另外，政府的行政效率也会直接或间接影响投资者的成本和收益。加上行政效率和心理认知两个因素，则城市品类的组合可以有更大的拓展空间，如表 6-2 所示，至少可以有 16 种组合，如果我们对成本、市场、心理认知因素进行细分，其构成的特定品类组合将更多。

表 6-2　　　　　　　　　城市品牌品类组合

因素	成本	市场	行政效率	心理认知
成本				
市场				
行政效率				
心理认知				

资料来源：作者自绘。

成本优势对投资者，尤其是生产性企业依然具有很强的吸引力，是投资者进行区位选择的首要考虑因素。但是，仅仅有低成本优势已不足以吸引投资者，还必须同时具备综合配套成本优势，或者依托一定的市场优势，或二者兼备。

三、城市品牌定位 SIC 模型小结

根据上述分析的 SIC 模型，我们可以总结出城市品牌定位的八种基本模式，（见图 6 - 3）。在图 6 - 3 中，横轴 S 代表城市空间的大小，我们把它分成两个区域，即小空间和大空间；纵轴 I 代表城市的产业，也分为两个区域：产业少和产业多；斜轴 C 代表城市品牌的综合品类度，分为两个区域：低品类度和高品类度。

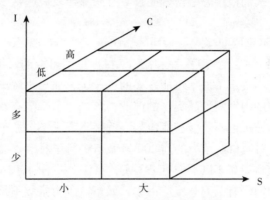

图 6 - 3 城市品牌定位的八种基本模式

资料来源：作者自绘。

这样，我们可以得到集城市空间定位、产业定位和品类定位为一体的城市品牌定位的八种基本模式：

（1）小空间、产业少、低品类；

（2）小空间、产业少、高品类；

（3）小空间、产业多、低品类；

（4）小空间、产业多、高品类；

（5）大空间、产业少、低品类；

（6）大空间、产业少、高品类；

（7）大空间、产业多、低品类；

（8）大空间、产业多、高品类。

分析这八种模式，我们还可以把他们归为三类：不现实的、不可取的和可取的模式。

（一）不现实的模式

在这八种模式中，第（3）种和第（4）种是不现实的。因为空间范围是城市竞争的基本约束条件，城市空间小就决定了城市不可能发展很多的产业，小城市要发展，只能走特色发展道路。海南的博鳌因亚洲论坛而一夜成名，从而带动了旅游业等相关产业的发展。但是，我们很难想象博鳌能够像上海那样发展起众多的产业和产品体系。

（二）不可取的模式

第（1）种、第（5）种和第（7）种是不可取的。第（1）种模式，空间小决定了城市可能发展的产业少，如果小城市在一个狭小的空间范围内发展低品类度的产业，该产业不可能有竞争力，依托该产业的城市也不可能有竞争力。倪鹏飞的《中国城市竞争力报告 No. 15》对城市竞争力的前 200 座城市进行了排名。其中，城市竞争力指数在以 0.2 以下的有 133 座，在 0.1 以下的有 16 座。也就是说，在中国现有的 660 座城市中，城市竞争力指数不足 0.1 的有 476 座，占城市总数的 72.12%。为什么有这么多的城市不具竞争力？原因即在于大多数小城镇都属于小空间、产业少和低品类的发展模式，这种模式最不具有竞争力。

第（5）种和第（7）种模式在不同条件下，其竞争力不同。大多数竞争力不强的城市都属于第（7）种模式，在产品同质和短缺经济条件下，第（7）种模式，大空间发展多个产业，但是每个产业的品类度都很低也可以获得竞争优势。因为，在短缺经济条件下，城市生产的产品都能够销售出去；又由于产品是同质化的，因此，城市竞争符合传统区域经济学的分析，产品仅在本市的最大销售区域内销售，对于同质化产品，城市之间不可能有贸易往来，城市之间相互交换的只是自己所不能生产的产品。在这种情况下，当然哪个城市的产业类别多，哪个城市竞争力就强，因为它不需要其他城市的产品，相反，还可能向其他城市销售自己特有的产品。但是，在过剩经济和产品差异化条件下，消费者的选择范围扩大，产品竞争发展到一定阶段出现了品牌竞争，品牌为消费者提供选择的理由，原因是品类品牌所代表的单一利益点降低了消费者的选择成本。此时，空间范围大、产业多并不能保证城市具有竞争优势。我国目前不乏这样的大城市，特别是一些省会城市，比如济南、郑州、武汉，它们的竞争力大都来自天然的区位优势和行政权力，但是，谁能说得出它们是什么样的城市呢？这些城市大多产业齐全、产品众多，但是却没有几个高品类度的强势品牌产品。

（三）可取的模式

在这八种模式中，比较可取的是第（2）种、第（6）种和第（8）种。小城市宜采用第（2）种模式，即小空间、产业少、高品类，这也是小城市突破空间限制、提升竞争力的唯一现实途径。小空间限制了小城市可能发展的产业种类，要想突破空间限制，只能发展高品类度的特色产业、特色产品。这一模式比较适合一些县级市及小城镇，比如贵州仁怀市茅台镇的茅台酒。2004 年仁怀市的地区生产总值 52.5 亿元，但仅茅台酒的品牌价值就达到 202.63 亿元，该品牌价值占地区生产总值的 358.96%，提起仁怀市可能有许多人不知道，但是几乎没有不知道茅台镇茅台酒的。再比如一些世界性的小城市日内瓦、威尼斯以及我国的博鳌等。此外，众所周知的一些特色镇，也大都采取的是这种发展模式。比如大塘的袜业、嵊州的领带、中山古镇的灯饰、小榄镇的五金制品、乐清的电器、龙湾的合成革和五金洁具等等，当然，这些专业镇基本上还属于产业集群所形成的产业品牌，距品类品牌还有一定距离。小城市在竞争中要始终记住自己的位置，不求综合竞争力的第一，不和高等级城市全面对抗；只求在某一方面独树一帜、只求在同一等级的城市中遥遥领先。如此，才可以确保小城市在产业分工和产品分工中拥有不可替代的战略地位；如此，才可以确保小城市在竞争中立于不败之地。

大城市宜采用第（6）种和第（8）种模式，即大空间、产业少、高品类或大空间、产业多、高品类。大城市空间范围大，一般来说，所允许的产业也多，城市本身既可以采取发展较少的高品类度产业，也可以采取发展较多的高品类度产品，关键是看城市现有的集聚能力和扩散能力的大小以及城市现有的比较优势。正如本书第四章城市品牌引力模型动态分析所得出的结论，如果城市现有竞争力较弱，最好是先集中资源发展较少的优势产业，从中培育一两个高品类度的强势品牌；相反，如果城市现有的竞争力较强，则可能集聚更多的生产要素、发展多个产业，培育多个高品类度的品牌。云南玉溪市是第（6）种模式的一个典型。玉溪市总面积15000多平方千米，2004年末全市总人口208万人，地区生产总值327.9亿元，但是，仅仅"红塔山"这一个品牌的价值就达到529.68亿元，相当于玉溪全市生产总值的1.61倍，"红塔山"成为整个玉溪的经济支柱。① 另外，大部分矿业资源型城市也属于第（6）种模式，如石油城大庆、东营、克拉玛依，煤炭城市大同、阜新、焦作，鞍山的鞍钢等等，这些城市依靠单一的矿业资源进行简单的采掘或加工业，特色鲜明，形成具有高品类度的资源型城市品牌。在经济发展初期，这类城市也具有较强的竞争力，然而，随着资源储量的不断下降，这类城市面临着资源枯竭、产业崩溃的局面，这类城市特别需要注重培育多个品类、适时实行城市品牌的重新定位。

当然，根据第五章公式（5-7）$N = \left(\dfrac{B \cdot S}{1-B}\right)^m = \left(\dfrac{B}{1-B}\right)^m \cdot S$，在品类度一定的情况下，城市品牌集里的品类品牌个数 m 越多，城市的竞争力越强。因此，大城市最佳的城市品牌模式是第（8）种模式：大空间、产业多、高品类。北京、上海、深圳都属于大空间、产业多、高品类的模式，根据前文第四章第三节对中国产品品牌空间分布的研究，北京、上海和深圳的品牌个数遥遥领先于其他

---

① 品牌价值来源于世界品牌实验室公布的《2004 中国 500 最具价值品牌》，http://brand.icxo.com；城市生产总值来源于各市政府网站。

城市，同时他们在城市竞争力指数排名中也处于第一梯队。

四、城市品牌定位设计模型

现实中，城市品牌定位失当主要是由于品牌定位的随意性和盲目性导致的，因此，如果能够建立品牌定位的科学程序，并按照该程序提供的科学思维分步骤实施，便可以减少盲目性，更准确地达到最终目标——提升城市竞争力、实现城市价值最大化。下面，本书按照前文的论述，构建一个简单的设计流程，见图 6 - 4。

第一，城市品牌定位要明确最终目标，即提升城市竞争力、实现城市价值最大化，这一统领全局的思想应贯穿于品牌定位的全过程。因此，决策者应始终问自己一个问题：这种城市品牌定位是否足以形成本市不可替代、不可复制的差异性？这种差异性是否为目标顾客提供了单一的利益点？由该单一利益点确定的品类是否有利于吸引投资者和消费者？如果某一品牌定位看起来似乎很有特色，但如果不能成为目标客户选择的理由，为本市经济发展做出贡献，则应当抛弃它，或者重新调整。

第二，用 SWOT 分析法分析本市的资源环境。SWOT 即优势（strengths）、劣势（weaknesses）、机会（opportunities）和危机（threats）。从内部分析本市的优势和劣势，从地理区位、自然资源、经济状况、历史文化和城市的精神特质等多个层面进行综合分析，从而扬长避短，从优势中发掘出核心价值。同时进行外部环境分析，对城市的竞争对手、区域、国家等进行多层次的完整、全面的分析和归纳综合，本市有哪些机会？又面临着怎样的危机和挑战？对内部和外部环境综合分析之后，品牌定位必须同时满足两个条件。一是对内必须建立在坚实的经济和文化基础之上。品牌是一种虚拟资本，虽然它有时表现出独立运作的态势，但在本质上与其载体是密不可分的，只有与城市的特点和历史文化结合起来，城市品牌才能真正和城市融为一体，给目标顾客一种亲切、自然的心理体验，才会为目标顾客所接受。二是对外有利于城市在机会中成长、并抵御可能的威胁。虽然品牌要顺应城市自身特点，但这并不意味着品牌定位只能被动地反映城市特点，而是主动地从其特点中提炼出核心价值，这种价值完全可以超越目标顾客现有的心理体验并引导之。这样才能抓住有利的机会，而全新的心理体验也容易给消费者带来强烈的冲击，产生深刻影响，从而有利于抵御外部危机。以香港为例，其品牌定位是活力与创新的"亚洲国际都会"。这个定位是经国际讨论小组测试评核以后才最终确定的，它不仅发挥了香港已有的亚洲国际金融中心、拥有强大国际化的服务业及掌握专门知识和技术的人才的优势，而且包含了未来"国际都会"将拥有优良的"硬"及"软"的基础建设，包括运输和电讯设施、具有国际水平的教育和培训制度，以及对持续发展的承诺。香港品牌的定位既延续了100多年以来它积淀的文化和精神内涵，同时，也前瞻性地预见到未来，特别是中国加入WTO之后它所处的地位和优势的变化。

第三，对外部目标顾客对城市品牌的心理认知进行市场调研。城市品牌是无形的，但它实际存在于目标顾客的脑海，城市品牌定位是否成功，不仅要看其是否符合城市的特点，更要看它是否符合目标顾客的心理需求，只有符合目标顾客的心理需求，被目标顾客认可，它才能深深根植于目标顾客的心中。那么，城市的目标顾客是谁呢？从城市营销的角度来讲，城市品牌的目标顾客包括国内外投资者、游客和消费者。一个城市的定位一方面要必须依据投资者甚至国际社会的认同来确定，以使未来品牌形象能够体现城市规划和投资环境建设对投资者的影响。另一方面也要考虑消费者与市民对于品牌定位的接受度。利用专业机构向本地区包括海外的受众，进行各种形式的访谈和问卷调查，了解公众、周边城市和国际社会对城市的评价，在此基础上得出客观而科学的结论，为下一阶段的工作提供决策依据。例如，香港在2006年开始着手城市品牌规划时，就聘请了全球著名的市场调查公司Wirthlin Worldwide（全球最大的100强企业中，有2/3的公司是其客户）协同其他世界级专业机构组成品牌顾问团在全球范围内进行了长时间的广泛性专业调查和研究，为后来香港城市品牌的定位和视觉形象的表现提供了充分的依据。根据目标顾客的心理需求分析，城市品牌定位既要突出个性，又不失包容性，避免定义过于狭窄。

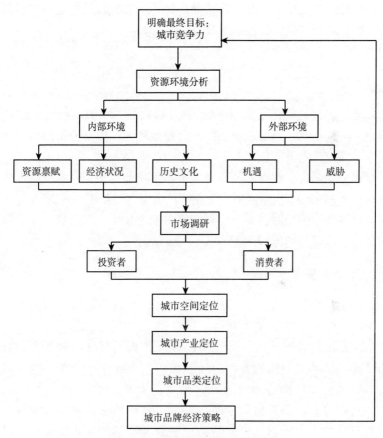

图 6-4　城市品牌定位设计模型

资料来源：作者自绘。

　　第四，结合上述资源环境分析和市场调研的结果，确定城市产业，进而确定品类，即城市品牌定位。这种定位应当经过多次信息反馈之后再最终确定下来，即把最初提炼出来的核心价值给部分目标顾客进行确认，得到反馈信息后再进行修正或深度挖掘。

第五，根据城市品牌定位，制定并实施相应的城市品牌经济策略。

第六，根据城市竞争力这一最终目标，对城市品牌定位进行最后的修正，看其是否偏离最终目标。

第三节　品类演化与城市品牌重新定位

城市品牌定位在城市发展的某一阶段内应保持一定的稳定性，但并非一成不变，当城市面临的外部竞争环境、内部经济结构发生改变，或出现重大的技术变革以致影响产业结构时，都可能从微观上导致品类演进，此时，应当对城市品牌重新定位。营销战略专家杰克·特劳特认为企业的竞争格局发生变化、消费者态度发生转变、科技发生改变时，企业都将面临重新定位。产品品牌、企业品牌如此，城市品牌亦如此。

一、品类演化的动力

单个品类是一个静态的概念，无论是产品还是城市，品类一旦确定，其所代表的单一利益点即已确定。但是，品类又是一个动态演化的过程，人类社会经济的发展过程同时伴随着品类演化的过程，从品类演化的进程中我们可以察觉技术的变革、经济的发展和人类文明的进步。因此，当我们考察品类演化的动力时，总会从两方面找到其源头，即技术变革和消费者需求的变化。技术变革从供给方面创造新的品类，消费者需求的变化则引导着品类的演化。

（一）消费者需求发生变化

消费者需求发生变化可分为两个方面：一是消费规模发生变化，如人口数量、收入水平的变化直接影响需求量的大小；二是消费者偏好发生变化，诸如消费者的年龄构成、教育程度、价值观念、生活方式以及收入水平的变化等，都会影响消费者的偏好。

人口数量增加会扩大整体市场容量，使得某些市场狭小、原本无利可图的产品能够达到其产能规模。人口数量的增加可能是人口绝对量的增加，也可能是源自市场范围的空间扩展，比如，由于航海技术的发展，远距离运输成为可能，就拓展了国际贸易，国际贸易的开展为产品分工更加细化提供了市场基础，产品分工越细化，本地的需求就越难满足大规模生产的需要，而要降低成本，必须实行大规模工业化生产，此时，更大范围的市场就为某些更加细化的产品类别提供了足够的市场容量。

收入水平的变化无疑是影响消费者选择行为的一大因素，收入水平不仅影响消费规模，而且会改变消费者的偏好。随着收入水平的提高，原来的奢侈品可能成为生活必需品，有更多的消费者能够消费原来望尘莫及的产品，从而促进该品类的发展。我国 2000 年后家用轿车和旅游业的发展就同人们收入水平的提高密不可分。同时，随着收入水平的提高，人们的偏好也可能发生改变，就中国人的饮食而言，最初人们追求的是解决温饱，改革开放后很快过渡到追求口味，现在随着收入水平的提高，人们的饮食观念发生了根本改变，注重的是绿色、健康和营养，因而直接促进了各种绿色食品、保健食品的发展。

价值观念和生活方式的变化较为缓慢，但是却对消费行为有较为普遍的影响。有趣的是，这种影响往往朝着两个极端发展，随着现代人生活节奏的加快和生活压力的增加，一方面，人们喜欢方便、简单、快捷，由此产生了方便面、肯德基、麦当劳为代表的快餐店，以及各种快餐文化以满足人们快节奏的生活节拍；另一方面，人们又希望脱离这种繁闹的现代生活，品味一种幽远、雅致的生活，由此产生了带有怀古情致的旅游、慢餐等产品。

消费者需求的改变是品类演化的引导力量，企业正是看到了消费者需求发生了变化，因而顺应这种变化进行技术革新或理念创新，从而创造出新的品类。

（二）技术创新

目前，技术创新是我国的一个研究热点，但是，现有研究基本上都侧重于怎样进行技术创新、技术创新的体制、人力资本激励等等，却很少有人去研究什么样的技术创新能够获得成功。现有的研究一般把技术创新划分为模仿创新和自主创新。事实上，技术创新只有转化为现实的生产力才有意义，市场是最终的检验场所，从这个意义上讲，技术创新只有两种：成功的技术创新和失败的技术创新。无论是模仿创新还是自主创新，只要消费者选择其产品，就是成功的技术创新，否则，即便是原创性的，但是消费者并不认可其产品，这样的技术创新只能是技术上的成功，在市场上却是失败的。

那么，什么样的技术创新能够获得成功呢？答案是以品类为指导的技术创新。虽然创造一个新品类并不必然保证技术创新获得成功，但是，技术创新要获得成功，必须开创一个新的品类。成功的技术创新正是通过开创新的品类推动社会及经济的进步和发展，表现为新品类不断涌现、一部分老品类逐渐死亡的过程。由于新品类的出现总是基于老品类的改进或反叛，因此，我们称这个过程为品类演化。

技术上先进的产品并不一定能获得成功，表现在两方面：一是没有创造一个新的品类；二是虽然创造了一个品类，但是，这个品类却不一定是消费者所需要的，或者该品类的市场还没有成熟或太过狭小。这两种情况都会导致技术功能和消费者需求之间存在偏差。

技术创新按照其时间分布规律可分为两种。一种是零散的、连续的技术创新，这种创新可能每一天、在世界的每一个角落都进行着，它表现为一个个创新个体，对社会经济生活的影响是渐进式的。它既是企业个体在竞争中生存和发展的基础，同时对城市来说也从微观上标明了该城市的竞争能力。另一种是大规模的技术创新，当技术基础理论有所突破时，大量的技术创新会在某一时点上集中爆发，我们称之为技术革命，技术革命又直接导致产业革命，此时，会在全球拉开产业结构大调整的帷幕，各个领域的创新层出不穷，社会经济生活发生根本性变革。此时，对城市甚至国家来说都是一个巨大的机遇，如何抓住这个机遇，重新确定自己的位置至关重要。如今，我们正处在信息革命的时代，信息技术革命改变了我们的生活，大量的老品类死亡，新品类取代其位置，如数码照相机取代了感光照相机和胶卷，计算机取代了打字机，电子邮件取代了信件，迫使邮政服务开创新的业务品类应对挑战等。

（三）理念创新

同时，我们也观察到，并非所有的新品类出现都源自技术创新，某些产品并无任何技术上的改进，但是，如果我们赋予它新的含义或情感，或简单地对其功能进行增减，同样能创造出新的品类，并影响消费者的选择行为。如果说技术创新是品类演化的硬动力，那么，理念创新则是品类演化的软动力。

20 世纪 30 年代之前，钻石只是富人们的装饰品，远离普通消费者市场。但是，当美国的钻石供应商戴比尔斯公司的新任主席哈里·欧内斯特（Harry Ernest）把它变成爱情永恒的象征之后，彻底改变了钻石的市场和销路。象征爱情的钻石产品不仅一举改变了城市人的婚恋习俗，而且打开了哈里·欧内斯特梦寐以求的普通消费者市场。到 60 年代，80% 的美国人订婚都选择钻戒作信物。步入 21 世纪，戴比尔斯公司在全球的年销售额已逾 50 亿美元，成为钻石行业遥遥领先的"龙头老大"。在与爱情结合之前，钻石的身份不过是质地硬一点的石头。但是，当石头有了爱情，它的含义就变得富有人性与灵性，它带给消费者的精神利益立刻增加。同样，可口可乐只不过是一种混合碳酸饮料，其配方和技术百年不变，但是却通过赋予其怀旧情结而长盛不衰。甚至当 20 世纪 80 年代可口可乐试图改变配方以应对百事可乐的挑战时，遭到众多消费者的反对。

因此，城市要想保持持久的竞争力，就必须具有创新能力，关键是以品类为导向的创新能力，即创造新品类的能力。只有以品类为导向的自主创新才可能获得成功，否则，只是一个发明专利而已，对于提升城市竞争力毫无益处。

二、城市品牌重新定位

并非所有的品类演化都需要城市重新定位，有些品类演化仅仅涉及单一产品的问题，不至于导致整个城市品牌定位的改变。事实上，城市竞争力的一个重要方面就是微观企业和个人的品类创新能力，大量的产品品类创新导致城市产业的升级和创新，迈克尔·波特认为，一个国家或地区的竞争力表现为产业升级和创新的能力。但是，当下列情况发生时，就会对整个城市品牌定位产生影响，此时，城市品牌应当重新定位。

（一）外部环境发生变化

1. 全球性或区域性产业结构大调整

每一轮产业结构大调整都是城市的重大机遇与挑战，有的城市抓住了这个机遇而获得新生，有的城市则由于反应迟钝从此衰落。20世纪50~60年代，美国已经完成了工业化，向第三产业转移，许多工业城市出现了逆城市化现象，成为一座座空心城市。克里夫兰市即是一个典型，该市集中了很多在全美国排名前五百家的大企业。但是，70年代末，它就成为美国第一个坏账和申请破产的大城市。2013年，由于人口的急剧下降和汽车工业的衰退，享有"汽车之城"美誉的美国城市底特律申请破产保护，可以说底特律城市的兴衰与汽车工业的兴衰密不可分。

从国际上看，三次产业的顺次演变对国家竞争力的影响更为明显。20世纪70~80年代，日本的家电产业超过美国，成为世界家电强国，但是，日本忽视了产业结构的演变规律；美国经过70~80年代的痛苦转型，率先成为信息产业的领跑者，推出了温特尔平台，同时利用模块化生产模式在全球组织生产，目前在价值链的分工体系中，美国通过致力于技术标准的确立和推广而站在制高点。目前的计算机生产，由以微软和英特尔为首的美国公司不断提升技术标准并向全球推广，程序的编写在印度、硬件制造在中国台湾并向深圳、东莞、苏州等地转移，OEM 和 ODM 等新的生产方式日益普及。显然，这一路线恰恰把电子生产大国日本绕过去了，日本在信息化过程中既没有参与到产业链的分工又没有获取利益。

2. 重大的技术变革

重大技术变革可能导致原有品类死亡，新的品类取而代之。对于那些严重依赖某一产业的某一产品的城市来说，由技术变革导致城市所依赖的产品品类死亡是城市竞争力衰落的主要原因，因此，城市企业对重大技术变革要始终保持敏感性，一旦发生技术变革，就应当及时推出新的品类，城市则应当重新定位。

（二）城市自身条件的变化

1. 资源禀赋发生改变

当地的资源禀赋是经济发展的基础，但是，过于依赖资源有时候却会损害城市竞争力。当城市的资源状况发生变化时，应当及早调整产业结构，对城市品牌重新定位。我国有 400 多座因资源而兴起、因资源而建立的城市，在中华人民共和国成立初期和计划经济时期，由于经济建设刚刚开始，这些城市可以说是响当当的名牌，独特的资源禀赋给予这些城市特有的优势。但是，几乎所有的资源型产业都会经历一个建设—发展—萎缩的过程，不可再生资源总有枯竭的一天，到时城市的生存都可能成为最大的问题。

2. 城市竞争地位的变化

城市竞争是一个动态变化过程，有的城市在竞争中崛起，有的城市则日趋衰落。无论城市竞争力发生了什么变化，都应当及时重新定位，以确定新的发展目标和城市形象。

城市品牌定位是在目标顾客的头脑中定位，因此，当城市竞争力发生改变后，它在目标顾客头脑中的位置已经发生了变化，此时，如果城市实际竞争力下降却依然坚持原有的定位，无异于自欺欺人；相反，如果城市已经进入到更高一级竞争序列，却不相应改变城市品牌定位，会制约城市竞争力的进一步提高。20 世纪 90 年代，郑州市曾号称是"全国商贸中心"，在郑州市中心，围绕着"二七"纪念塔以亚细亚为代表的大型商贸市场的确曾令河南人为之自豪。据郑州市统计局公布的一组数据："九五"期间，郑州市第三产业值占郑州全市国内生产总值的 45%，年增长速度超过 12%；"九五"期间，郑州商业的年均增速超过了全市国内生产总值 12% 的平均增长速度；2000 年郑州市社会消费品零售总额完成 345.6 亿元，比 1999 年增长 10.8%，"对拉动经济增长做出了贡献"。统计局的说明文字指出：大力发展第三产业，尽快实现产业的"三、二、一"结构布局，是郑州建设国家区域性中心城市和商贸城的发展目标。然而，随着"二七商圈"的幻灭，人们对郑州的印象是一个庞大芜杂的集贸市场，过去的辉煌已经不再，郑州市商贸中心的地位也早已不复存在。如今的郑州靠什么成为中原城市群崛起的龙头？又靠什么维系它作为河南省政治、经济和文化中心的地位呢？郑州正面临着城市品牌重新定位。

当城市已经进入更高等级竞争序列时，应当考虑产业结构升级和城市品牌重新定位问题。我国东南沿海的大部分城市都是依靠廉价的土地和劳动力资源发展劳动密集型产业而发展起来，但是，随着改革开放扩大和其他城市加入竞争，这些城市逐渐丧失低成本优势，转而向产业链的上游移动，发展高新技术产业，同时也在改变它们低成本的城市定位，开始走自主创新的道路，用更高的要素吸引投资者和游客。否则，随着各种要素向城市集聚，最终土地和劳动力等成本会上升，转向集聚不经济，那时，会由成本更为低廉的地区和城市取而代之。

（三）目标顾客的偏好发生改变

当目标顾客的偏好发生改变时，城市品牌的原有定位有可能使城市处于不利地位，比如具有特定偏好的目标顾客减少了，那么，城市无论如何努力，都不可能获得成功，城市的唯一选择就是适应目标顾客的偏好，重新定位。同时，当目标顾客的偏好改变时，反而会给某些处于不利地位的城市带来新的机遇，也应当抓住这种改变，重新明确城市品牌定位。比如，随着中国人均收入水平的提高，消费结构发生了巨大变化，旅游消费成为一个亮点，这对于那些自然景观优美但经济发展滞后的某些城市带来了新的机遇，如云南丽江定位于具有纳西风情的旅游城市，带动了经济的发展。

本章小结

　　城市品牌定位应当采用由外到内的拉力模式，由表及里依次进行城市空间定位、城市产业定位和城市品类定位。通过城市品牌定位 SIC 模型，我们可以回答导论中提出的第三个问题，即为什么像日内瓦这样的小城市可以突破空间限制、谋求更大的发展？本书认为，确定正确的品类是城市突破空间限制的最有效途径。因此，在所有的城市品牌定位模式中，小城市可以采取"小空间—少产业—高品类"的定位模式；大城市可以采取"大空间—少产业—高品类"或"大空间—多产业—高品类"的定位模式。

第七章　城市品牌经济策略

城市品牌定位为城市确定了品类和发展目标之后，就需要精确的经济策略以保证该目标的实现，适当的品类只有辅以精确的城市品牌经济策略，才能够保证城市品牌信用承诺的兑现。

第一节　城市品牌经济策略模型

由第五章公式（5-5）：$BA = \gamma \sum_{i=1}^{2} \sum_{j=1}^{m} BR_{ij}(b_{ij}) = f(B_c) = f(B \cdot S)$

可知，城市品牌引力是城市品牌品类度综合指数 B 和城市品牌经济策略精确度 S 的函数，在前文中，我们一直假设城市品牌经济策略完全正确，即 $S = 1$。这一章我们就来解决在城市品牌品类度综合指数 B 一定的条件下，如何提高城市品牌经济策略的精确度问题。

城市品牌定位完成之后，城市要在多大的空间范围内发展什么产业、承担什么职能都已经确定，也即确定了整个城市的品类，接下来的城市品牌经济策略都应当紧紧围绕这一定位展开。借用迈克尔·波特的一句话，产业是一个城市的核心竞争力，产业定位也是城市品牌定位的核心。因此，一切要从产业开始，城市品牌经济策略应当解决的问题有：第一，采用什么样的产业政策以确保产业定位的实现？第二，和该产业相配套的软硬件环境应该是什么样的？第三，基本问题解决之后，要解决市场问题，对外如何打破地区封锁、增加对外开放度？对内如何提高交易效率、减少交易成本？我们称之为制度策略；第四，市场问题解决之后，如何进行对外宣传？向目标顾客传递有关城市品牌的信息？第五，采取怎样的投资策略以吸引投资者？而持续吸引投资是产业定位得以实现的又一重要保证。第六，从城市范围看，品牌形态的演变可以分为产品品牌、产业品牌和城市品牌，那么，城市品牌建设应该从何处着手作为突破口？

因此，本书总结的城市品牌经济策略共六项，它们按照实施的先后顺序围绕城市品牌引力形成一个正六边形，见图7-1。

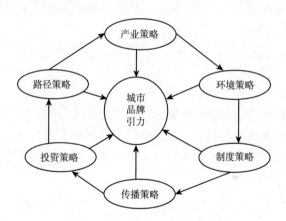

图7-1 城市品牌经济策略模型

资料来源：作者自绘。

我们也可以用数理公式来表述该模型。根据公式（5-5），$BA=f(B_c)=f(B\cdot S)$，现在，我们要求在城市品牌品类度 B 一定的条件下，S 为何值时，BA 为最大？

$$\begin{cases}\max(BA)\\ BA=f(B\cdot S)\end{cases}$$
$$st.\ \overline{B},0\leq S\leq 1$$

显然，当 $S=1$ 时，$\max(BA)=f(\overline{B})$，S 越趋近于 1，BA 越大。

城市品牌策略的精确度 S 又由什么确定呢？根据上述图文模型，可用公式表示如下：

$$S = f(s_1,s_2,s_3,s_4,s_5,s_6) = a_1s_1 + a_2s_2 + \cdots + a_6s_6$$
$$= \sum_{i=1}^{6} a_is_i,(0 \leqslant S \leqslant 1) \tag{7-1}$$

公式（7-1）中：

s_1，s_2，$\cdots$，s_6 分别表示城市品牌经济策略中的产业策略、环境策略、制度策略、传播策略、投资策略和路径策略的精确度，$0 \leqslant s_i \leqslant 1$；

系数 a_1，a_2，$\cdots$，a_6 分别表示各项策略在整个策略中所占的权重，$0 \leqslant a_i \leqslant 1$ 且满足 $\sum_{i=1}^{6} a_i = 1$。

之所以采用加法而不是乘法，是因为如果采用乘法，则一项策略失误或者遗漏就使得整个策略为零，它严格要求各项策略都有较高的精确度，而事实上，城市完全可以从一项或几项策略入手作为突破口获得成功。

根据公式（5-5）和公式（7-1），城市品牌引力和城市品牌策略的关系可表示为：

$$BA = f(B_c) = f(B,S) = f(B(b_i),S(s_i)) \tag{7-2}$$

公式（7-2）表明，城市品牌引力是城市品牌品类度综合指数 B 和城市品牌策略精确度 S 的函数，而城市品牌品类度综合指数 B 的大小又取决于单个品牌的品类度 b_i，城市品牌策略精确度 S 又取决于各项子策略 s_i 的精确度，因此，城市品牌引力的最终决定力量取决于品牌集中各品牌品类度 b_i 和城市品牌的各项子策略的精确度 s_i。下面，我们假设城市品牌品类度综合指数 B 一定，探讨城市应如何提高城市品牌策略精确度 S。

第二节　城市品牌经济策略分析

一、产业策略

每一个城市都有自己的主导产业，但是，并不是所有的主导产业都是具有竞争优势的优势产业，这里所说的产业策略是在前文城市产业定位的基础上，城市应当采取什么样的产业政策以保证该定位的实现，发展具有竞争优势的产业。

产业要具有竞争力，必须拥有具有竞争力的品牌企业和品牌产品，不论最初产业以何种形式发展起来，缺乏强势品牌产品的产业不可能具有永久的竞争优势。因此，产业政策必须是从产业到重点产品、再到品牌产品的一系列政策，而不仅仅是停留在产业政策本身上。在产业定位已经完成的情况下，产业政策要解决三个问题：一是城市产业的进入模式；二是怎样实施从产业到品牌产品的战略安排；三是政府在品牌培育中的作用。

（一）城市产业进入的五种模式

城市产业的存在形态可能有四种：一是单一的一种产业；二是形成一个产业链；三是形成产业集群；四是产业链和产业集群交织在一起。城市产业的进入模式就是指城市以何种形式进入怎样的产业形态，可以概括为五种进入模式：

一是在城市内形成单一的产业，既没有产业链的上下游延伸，也没有产业集群的相互支援体系。例如我国早期的大部分矿业城市，都以单一的矿产开采为唯一产业，山西大同的煤炭采掘业、大庆和东营的石油开采、攀枝花、铜陵、白银市的有色金属等矿业开采，以及某些具有规模经济的城市如安徽马鞍山、辽宁鞍山等钢铁城市。由于单一产业结构会使城市面临较大的风险，目前这些城市大都正在进行产业结构调整，那些资源城市自不必说，因为面临资源枯竭的威胁，即便是那些具有规模经济的产业的城市，也同样面临产业结构的调整和优化问题。

二是以少数几个具有竞争力的重点企业为核心，城市内部形成一条相对完整的产业链。这种模式比较适合具有规模经济效应和纵向一体化的产业，因为一条完整的产业链要在一个城市内部形成，必然要求产业链的各个环节紧密相连，而且上、下游链条之间存在原材料和投入品等的相互利用关系，在生产时间、原料供应和技术等方面配合密切，形成一种联动关系，其中核心企业具有规模、技术和市场上的优势，并以它为中心联动上、下游相关产业共同发展。这种模式中，如果产业链各环节之间能够配合得当，将具有强大的竞争力，而且非常稳定，因为城市内部可以解决产业链的整个问题，可以避免外部冲击造成的影响。但是，它的不足之处是，过于依赖重点企业，整个产业链的竞争力依存于少数企业的竞争力，一旦核心企业衰落，整个产业链也会随之衰落。因此，以这种模式进入，关键是不断升级产业链：一是促使核心企业从低附加值向高附加值环节转移；二是从单一核心向多核心转变，在产业链的多个环节形成具有竞争力的企业和产品。基于当地已有的优势产业进行产业链延伸、完善产业链是目前许多产业结构单一的城市的现实选择，这种模式特别适合于那些现有产业具有比较优势，但是又面临新产业的挑战的城市，可以以现有产业为核心，进行产业链延伸。

三是进入产业链中的一个环节，并在该环节上培育具有竞争优势的产业。随着交通通信技术的进步和生产的全球化，生产日益呈现出分散化的特征，根据不同地区和城市的比较优势，跨越空间在全球组织生产的各个环节，成为更具效率的资源配置形式。这使得整个产业链在空间上割裂开来，这种空间上的割裂不仅没有妨害产业链的完整性，而且随着21世纪模块化生产模式的推进而变得更加灵活和高效。由于一个城市很难在产业链的各个环节上都具有优势，因此，选择进入产业链的某一个环节，并在该环节上做大做强，成为整个产业链的一环，或许是更为理智的选择。这种进入模式也是在产业链的某个单一环节形成竞争优势，但是，它不同于第一种进入模式（即进入一个单一的产业，一个单一的产业是一种封闭式的独立产业结构），而进入产业链的一个环节，是整个产业链中的一环，它使城市直接进入全球化生产体系中，直接面对全球竞争，因为，一旦该城市不能在该环节上具有竞争优势，必将被其他城市取而代之，这是一种开放式的相互依存的结构。

四是进入一个产业集群，即在城市内部形成一个相对完整的中小规模的产业集群。近年来，产业集群是研究领域的一个热点，概因这种模式表现出的强大的活力和竞争力。我国东南沿海和江浙一带经济最为活跃和繁荣的地区，也是产业集群最多的地区。迈克尔·波特的钻石理论就尤其推崇产业集群对提升国家竞争力的作用，并说这一分析同样适用于不同级别的地区和城市。由于产业集群是一个专门的研究领域，对它的优势已有颇多论述，本书在此不再赘述。那些民营经济活跃的地区，对于生产的柔性化要求大过规模经济要求的产业，尤其适合发展产业集群。一个城市内部若形成一个完整的产业集群，其集群规模要视产业规模和城市规模而定，如浙江的大唐袜业、嵊州领带，广东小榄镇的五金电器产业集群、古镇的灯具产业集群等都属于小型产业集群。产业集群的分工模式既可以是纵向一体化的分工，也可以是横向一体化的分工，如大唐袜业现有9000多个农村家庭，10万多人从事袜业生产，集群内实现了纺织、制造、加弹、印染、整理、绣花等配套的纵向专业化分工。而广东的专业镇则是纵向一体化分工模式，东莞市虎门镇的几百家企业都生产不同款式、品种和类型的服装，每个服装企业基本上从进料、设计、加工成型和销售都是由自己完成，没有将有关生产环节分配给不同的企业完成。

五是进入产业集群中的一部分。当产业集群跨越城市的行政边界，出现跨区域的大规模产业集群时，城市可以成为整个产业集群的一部分。

以上五种进入模式，除第一种具有较大的风险不宜采用外，对于其他四种模式，城市可以根据自身情况相应采用，而且，各种模式之间也可能出现动态变化，随着城市产业的发展，由一种模式转变为另一种模式。

（二）政府的导向作用

无论城市产业采用何种进入模式，要想发展具有竞争优势的产业就必须落实到重点产品和品牌产品。无论是进入产业链还是产业集群，没有竞争优势，任何产业存在形式都没有实质意义。具有竞争优势的产业体现在哪里？体现在具有竞争力的产品，一个成熟的产业集群必定有大批品牌产品出现。

因此，确定了产业之后，要确定重点发展的产品，从中培育品牌产品。但是，这里从产业到品牌产品的过渡中有一个重要区别，即产业确定主要是政府的职责，而品牌的出现则是市场竞争的结果，政府不能越俎代庖、替市场评选品牌，品牌只能是消费者选择的结果。

首先要搞清楚政府在产业政策和品牌建设中起什么作用。迈克尔·波特反对产业政策，认为政府不能代替市场选择产业，政府本身不构成钻石体系的一个要素，但是，同时，他承认政府对所有的要素都会产生正面或负面的干扰，并且，在论述产业集群的形成时，他指出有的集群是百年大计、而有的集群则是无心插柳。可见，政府也可以起到积极的作用，关键是进行产业选择时是否遵循了市场竞争原则，是否在比较优势的基础上，同样，在重点产品和品牌产品的选择与培育上，政府所起的主要作用在于引导，通过细化的政策措施起导向作用，而不是直接评审或人为指定。

政府在产业政策中的导向作用可以通过以下措施体现出来。（1）由专家组成品牌经济发展咨询委员会，提供尽量客观公正的评价指标和政策建议，同时，及时公布政府的战略规划，并实施各种宣传活动，使品牌意识深入人心，力图让每一个企业都以创建品牌产品为目标。（2）实行制度化管理，定期制订品牌培育计划。品牌培育是一个长期的过程，不能搞运动，一阵风过去就束之高阁，而是应当制度化，保证计划的连续性和稳定性。（3）从信贷、税收、财政上给予重点企业和品牌产品以支持。青岛市政府自"八五"以来，每年都根据企业的申请排出 30 个名牌产品技术改造重点项目予以资金与政策支持，从立项、实施到投产、达产实行一条龙服务，加快名牌企业的技术改造速度，不断提高企业的技术装备水平，增强企业的市场反应能力和竞争力。（4）给予物质和精神奖励。如青岛市人民政府发出了《青岛市人民政府关于建立新创工业知名品牌奖励制度的通知》，2004 年青岛市首次召开大会，隆重表彰并重奖 2004 年在争创中国名牌、中国驰名商标，省、市名牌，省、市著名商标工作中取得优异成绩的企业，对荣获中国名牌、山东名牌、青岛名牌产品分别给予人民币 100 万元、20 万元、10 万元的奖励；并规定企业可分别从成本中列支 50 万元、20 万元、20 万元直接用于奖励创品牌有功人员。

（三）**产业策略：如何出品牌**

无论是政府的引导，还是企业自主创立品牌，都必须顺应消费者的行为模式及市场经济运行规律。按照品牌经济学理论，品牌作用于目标顾客选择行为的根本原因在于其能够降低目标顾客的选择成本。品牌经济学证明，只有当产品成为某一具有单一利益点的品类代表时，目标顾客的选择成本才最低，此时，目标顾客会毫不犹豫地指牌认购。也就是说，具有单一利益点的品类产品能够给消费者一个选择的理由，从而降低选择成本。

政府可以对当地产业发展起引导或扶持作用，但是，产业中如何出品牌则取决于企业自身行为，每一家企业的每一种产品或服务都会有不同的发展策略与路径，我们无法给出每一种产品或服务的具体详细的品牌策略。然而，根据品牌经济学核心原理，我们能够从理论上给出产业中如何出品牌的基本原则。

原则一：中间产品的品牌宣传要面向终端消费者

中间产品往往隐藏于长长的产业链中，不为终端消费者所知。中间产品生产商更是陷于上游原材料涨价和下游购货商压价的夹缝中，面对众多竞争对手艰难求生。当城市的产业中涉及中间产品时，就需要调整思路，只有从夹缝中挣脱出来才能出品牌，进一步壮大产业（见图7-2）。

图7-2　中间产品在产业链中所处的位置

　　根据品牌经济学原理，品牌之所以能够作用于消费者的选择行为，在于其代表的单一利益点能够降低消费者的选择成本。该单一利益点包含物质利益与情感利益，物质利益可以通过技术上的进步达成，容易模仿，情感利益一旦形成则具有一定的稳定性，不易被模仿。中间产品如果针对下游购货商进行品牌宣传，则起主要作用的是物质利益。下游购货商作为厂商，追求利润最大化，中间产品作为购货商的成本支出项，在满足质量的前提下自然是价格越低越好，情感利益基本不起作用。在此情况下，中间产品生产商往往陷于激烈的价格战难于脱身。中间产品生产商必须摆脱面向下游购货商进行推销的思路，跳过所有产业链的下游环节，直接向终端消费者进行品牌推广，才能够在情感利益上争取终端消费者，由终端消费者产生的品牌拉力逆向影响下游购货商的购买决策。①

　　请您仔细辨识下面三个商标，是否能够准确说出每个商标的名称？

图7-3　三个商标标识

---

①　刘华军. 中间产品价格理论研究综述. 产业经济研究［J］. 2007（1）：56－63.

图 7-3 中个商标标识分别为莱卡、英特尔和洛阳轴承。我们对这三个商标的辨识度进行了简单的市场调查，随机抽取年龄在 20 岁至 45 岁的 200 人进行了辨识度调查，其中男女各 100 人。受访者中能够准确说出第二个商标是英特尔的为 188 人，占 94%；能够准确说出莱卡的 63 人，占 31.5%，其中女性中有 56% 能够准确说出莱卡；而能够准确说出第三个商标是洛阳轴承的只有 7 人，占 3.5%。

虽然品牌知名度和美誉度不是品牌成功的充分条件，但在信息泛滥的时代，却是品牌成功的必要条件。根据品牌拉力模型，只有当终端消费者指牌认购，才能够避免中间产品淹没于众多竞争对手的激烈竞争中，才能够避免中间产品在上游原材料涨价和下游销售商的压价中的艰难处境，才能够在产业链中脱颖而出。

莱卡和英特尔的广为人知，正是由于他们掌握并成功运用了面向终端消费者的营销策略。洛阳轴承是中国轴承行业规模最大的综合性轴承制造企业之一，是目前我国加工直径最大、精密程度最高轴承的诞生地，中国风电发电机轴承标准制定单位，相继为"神州系列"飞船、"嫦娥工程"配套，取得巨大成功。然而，作为工程设备核心部件的洛阳轴承，却并不为广大终端消费者所熟知，"神舟"五号飞船首次载人航天飞行成功，全体洛轴人的骄傲并没有传递给更多的受众，不能不说是一个缺憾。

原则二：不要把产品品名当作品牌

营销专家菲利普·科特勒认为，品牌是一个名称、名词、符号或设计，或者是它们的组合，其目的是识别某个销售者或某群销售者的产品或劳务，并使之同竞争对手的产品和劳务区别开来。由概念可知，品牌的两个基本功能即"识别"和"区分"，使消费者能够通过品牌识别，把某一产品或劳务与竞争对手的产品或劳务区别开来。现代社会中，通过商标注册这一行为，又使得品牌具有对产品的法律保护作用。

当面对同类的产品或劳务时，消费者通过品牌来进行识别、区分，并产生购买行为。因此，某种产品或劳务想要从众多的同类竞争者中脱颖而出，必须有一个受法律保护、能够被消费者识别的品牌。根据品牌经济理论，该品牌的品类度越高，该产品或劳务越接近于一个品类的代言人，消费者的选择成本越低，选择购买的可能性越大。

因此，企业不应把重点放在"做产品"上，而应该放在"做品牌"上，品类品牌才是消费者选购的理由。现实中一些地方或企业却往往忽视了品牌在消费者选购中的关键作用，把品名当作品牌来宣传。因为品名是某一产品品类的统称，既不具有识别和区分的功能，也无力对竞争对手的仿冒行为产生法律约束力和制裁，结果成功的品名宣传却是为他人作嫁衣裳。

我国众多带有地域色彩的地理标志产品也存在这个问题。仅山东而言，就有"烟台苹果、莱阳梨，乐陵小枣、肥城桃""沾化冬枣""章丘大葱"等地理标志农产品，这些地理标志产品虽然因其独特的地域特点而区别于其他地域的同类产品，但是缺乏商标保护、缺乏品牌的统筹运作，制约了其进一步的发展。新西兰奇异果的品牌建设能够给我国众多农产品提供经验借鉴。

原则三：不与在位者直接竞争

品牌经济学把品牌定义为"与目标顾客达成长期利益均衡，从而降低其选择成本的排他性品类符号"，[①] 符合该定义的品牌必定是某一品类的象征。假如某品牌 A（可以是产品、劳务、地点、人物等）占据了一种品类，成为该品类的排他性符号时，新品牌 B 再想占据该品类，就面临着与在位者直接竞争的状况。

由于品牌 A 已经成为该品类的排他性品类符号，这意味着品牌 A 已经使目标顾客选择该品类的选择成本为最低，即 $C_A = \min(C_c) \rightarrow 0$。此时，新品牌 B 若想与在位者 A 在同一品类上正面竞争，则会

---

① 孙曰瑶，刘华军. 品牌经济学原理 [M]. 北京：经济科学出版社，2007.

产生对同一目标顾客群体的争夺，需要将竞争者品牌 B 的目标顾客争夺过来。对目标顾客来讲，从品牌 A 转而选择品牌 B 存在一个正的转换成本 C_T，品牌 B 的选择成本 $C_B = C_A + C_T$。转换成本的存在使在位者 A 具有了占先优势，同时加大了竞争者品牌 B 的竞争成本。而且由于成功的在位者品牌 A 一定包含强大的情感利益，相比于产品功能等物质利益，这种情感利益的转移更加困难，进一步加大了竞争者 B 的障碍。

为了避免与强势在位者 A 的正面竞争，竞争者 B 可以采取品类对立策略、品类分异策略和品类创新策略，打造自身的品类品牌。

（四）品牌梯队战略

在第五章城市品牌引力模型中，本书论述了城市品牌集中品牌个数 m 的作用在于分散风险的同时也分散了资源配置。当品牌个数太少时，城市的风险会比较集中，但是，在经济发展初期，同时培育大批品牌又不太现实，比较合理的做法是实施品牌梯队战略，形成强势品牌带头的梯次发展，形成长江后浪推前浪的局面，以强势品牌带领弱势品牌，以新品牌促老品牌，形成竞争的压力和示范的带动作用。

青岛是我国实施品牌战略最为成效卓著的一个城市（其品牌梯队见图 7 - 4），从 1984 年出台《1984 ～ 1990 年重点产品发展规划》，确定了 57 种重点扶持产品开始，经过二十多年的努力，截至目前，青岛市拥有中国唯一的世界最具影响力百强品牌——海尔，拥有全国驰名商标 15 件，中国名牌产品 44 个，是中国拥有驰名商标最多的副省级城市；2005 年 11 月，青岛市又获得"中国品牌之都"的称号，可谓是实至名归。青岛市采取了滚动发展的计划，仅在 1992 年，青岛市就有 78 种产品获得国家质量奖，1100 多种产品获部、省、市优质产品称号，31 种产品获"青岛金花"产品称号。及至 1994 年，有着 10 年创名牌经验的青岛，在全市工业系统开展了"培育名牌、发展名牌、宣传名牌、保护名牌"活动，开始实施第二轮名牌产品培育发展滚动计划。每年培育扶持 5 ～ 10 种"青岛名牌"产品,用5~7年时间形成5个以上在国际上叫得响的产品、20~30个全国名牌产品、40~50个山东名牌产品,以及100个行业"排头兵"产品。并实施了三个梯队发展计划,做强第一梯队:以海尔、青岛啤酒、海信、澳柯玛等大企业为主体,以发展国际品牌为目标;做大第二梯队:以石化、汽车、造船、电子及应用软件等产业为主体,以建立行业领先优势、做大品牌为目标;培育第三梯队:以民营企业为主体,以培育品牌为目标,引领亨达、金王、国人、正进、银河、巴龙、红领、一诺、好事中等一批民营企业走质量效益型发展道路,向国际领先水平看齐。目前,青岛市已经形成了良好的品牌意识,开始从工业产品品牌向机关服务品牌、个人服务品牌和技术品牌等领域渗透。如此强有力的品牌支撑体系使得青岛这座品牌城市的发展拥有了坚实的根基和雄厚的发展潜力。①

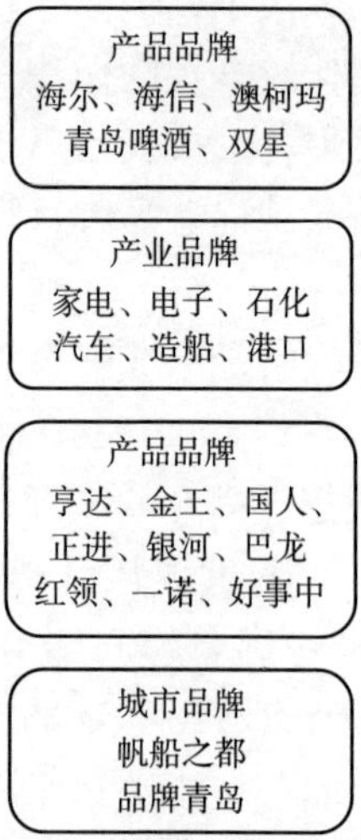

> **产品品牌**
> 海尔、海信、澳柯玛
> 青岛啤酒、双星

> **产业品牌**
> 家电、电子、石化
> 汽车、造船、港口

> **产品品牌**
> 亨达、金王、国人、
> 正进、银河、巴龙
> 红领、一诺、好事中

> **城市品牌**
> 帆船之都
> 品牌青岛

图 7-4 青岛的品牌梯队

---

① 青岛品牌战略案例中的相关数据来源于青岛政务网、青岛经贸委等网站整理而成。

二、环境策略

任何产业都需要一定的软硬件环境设施相配套，城市环境是影响目标顾客心理认知的主要因素，因此，在大部分学者的研究中都把城市环境作为城市竞争力的一个重要因子。皮特·卡尔·克瑞斯把城市环境分为生活环境和商务环境，事实上，随着现代产业尤其是信息产业的发展，现代的高新技术企业的工作人员的工作环境和生活环境日渐融为一体，我们已经很难把生活环境和商务环境严格进行区分，很多要素同时既是生活环境又是商务环境。而20世纪60年代后新空间结构理论也把环境因素作为影响企业选址的一个关键要素，可见，企业并不仅仅追求利润最大化，同时还要求优越的生活环境以吸引高素质人才。

因此，本书把城市环境分为硬环境和软环境。硬环境包括城市的基础设施、自然环境和人工环境，主要是指目力可测的城市外貌景观和人体可以感知的环境舒适程度；软环境包括文化环境和制度环境，它虽然不可直接观测，但是对生产和生活于其中的投资者和居民产生更深层次的心理感应，其影响是潜在的、巨大的。

（一）城市硬环境分析

完善的城市基础设施现在已成为吸引投资者的基本要素，主要包括：（1）交通设施，如公路、铁路、桥梁、港口和航空等发达的交通网络；（2）通信设施，如通信电缆、光缆等信息基础设施。立体化的运输系统、一体化的先进通信网络，全球高密度的信息传输系统，不仅可以节约生产、运输和交易费用，从而降低城市产品的相对单位成本，而且是城市提高外向度的基本条件。一个城市与外部空间的联系，取决于城市与外部的实际距离和心理距离，实际距离的大小不仅取决于物理空间距离的远近，更重要的是取决于由交通通信条件所决定的单位距离的运输费用；而心理距离不仅仅取决于空间距离，更多的是取决于交流的频繁程度。因此，城市完善的交通通信基础设施可以缩短城市与外部空间的实际距离，降低企业的运输成本，并且可以加强城市与外部的联系和交流，从而缩短心理距离，这一点尤其有利于城市产品的市场拓展和企业及时获取外部信息。（3）水电煤气和文化卫生等设施，水电煤气设施是企业正常运转和居民生活的基本条件，属于必备设施；文化卫生设施包括图书馆、博物馆、学校、影剧院、文化活动中心、医院等，是居民生活水平提高的要求，是保证居民身心健康的物质保证。

城市的自然环境主要包括城市气候条件、空气、水源、森林、花草、江河湖海山脉等等自然景观状况。人工环境是指经过人工改造的自然环境，包括名胜古迹、公园风景区、绿地等。城市环境可以直接为居民所享用，提高居民的福利水平，同时也对城市吸引游客和高科技产业的投资者创造了环境和条件。

倪鹏飞在《中国城市竞争力报告 No.1》中把环境视为城市硬竞争力的一部分，并划分了更为详细的指标，可以作为参照。他把自然环境划分为三个度量指标：（1）环境质量指数，包括空气质量、水源质量和听觉质量；（2）环境舒适度指数，包括城市气候舒适度、自然灾害少发率、城市街区清洁度；（3）自然环境优美度指数，包括城市山水环境、自然风景和城市绿化程度。① 人工环境设人工环境优美度一个指标，包括城市名胜古迹数、建筑和谐度、景观优美度。虽然城市的气候条件和名胜古迹等环境是客观条件所决定的，但是，大部分城市环境尤其是环境质量则是城市大有作为的地方。大连市是硬环境建设获得成功的典型例子。又如，山东省泰安市是我国的著名旅游城市，市内有兼具世界自然和文化遗产的泰山，但是，作为旅游城市，其市容市貌却不那么令游客满意，尤其是市内公厕的脏、乱、差，直接影响了泰安市在游客心目中的形象。为了改变这一现象，2000 年该市城区沿街改造、建设公厕，政府决定实施土地无偿使用 30 年，免收一切行政收费，各种入网费、增容费减半征收，并允许同步建设 1~3 倍面积的商业用房等

---

① 倪鹏飞. 中国城市竞争力报告 No.1 [M]. 北京：社会科学文献出版社，2003.

优惠政策，鼓励外资、个体私营经济成分参与，经过不长时间即吸引 1 亿多元社会资金，建设、改造公厕 2196 个，改变了公厕脏、乱、差的面貌。2002 年，国家旅游局在泰安召开了全国旅游公厕建设与管理研讨会，推广泰安市的经验。①

（二）城市软环境分析

城市文化是城市的居民和企业在社会交往和经济生活中长期积累沉淀的一种精神气质，具有不可复制性。

城市文化主要包括城市居民的价值取向、行为习惯、交往操守、创业精神等。城市文化虽然是城市的一项无形财富，却有其载体，其物质载体是城市的文化设施、历史名胜等外貌景观，行为载体是居民和企业的社交与经济行为。其中的物质载体我们把它划分为硬环境，行为载体归属于软环境，是城市文化的实质内容。城市居民和企业的行为直接影响外地投资者、游客和消费者对城市的主观评价和心理认知，某些看似细节的言行却可能产生决定性的影响。曾经有一则报道，某市在和一家日资企业洽谈招商引资的过程中，请日本商人到该市一家食品企业参观，日商表示非常满意，但是，就在参观即将结束时，一名员工在地上吐了一口痰，导致整个招商引资的失败。正所谓"细节决定成败"。

城市文化的主要构建者是城市的居民和企业等微观主体，但是，城市文化中不可避免地留有一些不利于城市品牌建设和城市竞争力提升的因素，这就需要政府的舆论引导，如通过公益广告、市民公约或各种活动等倡导诚信、文明、创业、创新、包容等精神。现在许多城市都提出了自己的城市精神、市民公约等，并且采取面向全体居民公开征集的形式，取得了比较好的效果。

如果说城市文化是一种非正式的制度安排，那么，制度环境就是一种正式的制度安排，它是由法律、法规和政策等确定的规范人们行为的规则，是人们可以进行选择和改变的内生变量。主要包括

---

① 来源于"泰安市情网"http：//218.59.204.212；8002/。

法制健全程度、产权保护制度、自由公平的市场制度和政府管制制度等，其主要构建者是政府。

城市制度环境决定企业的大部分隐含成本和运行效率。现在城市政府的基础设施建设大部分还停留在硬环境的建设，而制度环境则相对滞后，在很大程度上阻碍了投资者的进入。在国内，东西部城市之间不仅经济发展水平存在巨大差距，制度环境的差距更大，东部地区在市场经济的磨炼中，城市制度环境更加完善、灵活，而在西部地区，许多城市仍然依靠国家的政策、税收、土地等优惠来吸引投资者，制度环境差成为阻碍投资者的重要因素。普华永道中国公司董事长兼首席执行官约翰·史塔德（John Stack），根据他1994年至1999年在中国经营的亲身经历以及采访了11位跨国公司总裁后所撰写的《新丝绸之路——跨国公司老板眼中的中国市场》一书中，一针见血地指出，中国和市场经济的差距首先在于法律制度的差距，法律和规章变化无常，各地区对法律、规章的解释也各不相同，官员们对法律的理解及执法都带有极大的主观随意性。这种随意性的结果表现为制度环境的不稳定性和政府诚信的缺失，给投资者造成隐性的经营风险。

开放而灵活的制度优势，可以降低投资者的隐性成本、改善投资者对城市的心理认知，是吸引国内外投资者的重要前提。政府不仅要完善相关的制度法规，保证公平的市场秩序，创建公正、公开、透明、高效的政府形象，而且要进行城市管理机制创新，对投资者提供灵活变通的制度环境，创建特色行政服务品牌。比如，青岛市的品牌意识已经深入各个领域，目前青岛市的政务品牌也正在形成之中。

（三）城市环境建设的适度原则

城市软硬环境是城市吸引投资者和游客的平台，但是，这个平台究竟搭建多高为好，要视城市品牌定位而定，所有的品牌策略都只为保证品类品牌的信用度，因此，任何脱离品类品牌定位的策略，无论多么精良，也无助于城市品牌信用度的建立，甚至有可能适得其反。

　　城市硬环境建设并非越高级越有利。比如，适度优美的城市环境可以提高投资者和居民的福利水平，但是，过于强调环境的优美和质量，可能增加企业的成本负担，关键是看城市要吸引什么样的投资者，对于那些传统工业的投资者来说，过高的环保成本可能使投资者望而却步。我国城市曾经把中心广场建设作为城市的标志性建筑，追求高大，结果是千篇一律的水泥堆砌物，反观国外的广场，尤其是欧洲各国的广场规模都不大，但是布局合理，多样化的小广场不仅有利于人们休憩，而且保持了城市自己的特色风貌。

　　与硬环境相对应，软环境则越完善越好，但是应突出城市的文化特色。

三、制度策略

　　制度策略包括两方面：一是对外开放市场，打破行政壁垒，以标准规范市场代替人为保护；二是对内提高行政效率，降低交易费用，提高企业运行效率。

（一）提高对外开放度

　　本书在一开始就提出了生产要素空间自由流动假设，因为，如果没有生产要素的空间流动，就不存在城市竞争。同样，城市竞争也要求产品的空间自由流动，产品在不同地域的销售是城市竞争的体现。然而，现实中总会有一些城市试图借助于人为的地方保护、封锁市场来发展本地经济，而且越是落后的地区越是倾向于实施保护政策保护当地企业，这种做法会奏效吗？

　　在当今经济全球化的大背景下，城市要想切断与外界的联系，完全搞自给自足的封闭经济，大概是不现实的。那些封锁市场的城市更多的是对外地产品的流入实施各种限制，保护本地企业和产品，希望通过进口替代发展当地产业，提高企业和产品竞争力，最终实现出口。但是，很难想象，在保护中成长的企业会有竞争力。迈克尔·波特的钻石模型把同业竞争看作"创造与持续产业竞争优势的最大关联因素。"① 他在《国家竞争优势》一书中通过对欧美十个主要发达国家的研究，发现强有力的国内竞争对手普遍存在于具有国际竞争力的产业中，同业竞争之所以如此重要，是因为它会创造企业进步和创新的压力，促使企业不断进步："国内市场竞争对手之所以重要，并非是它激励了静态的效率而已，而是它能提供企业改进和创新的原动力。企业在国内市场成群厮杀为该国所带来的好处，远超过它与外国企业的对抗。在一个封闭的经济体系中，垄断市场的企业获利很高，但是到了全球竞争中，面对从开放产业来的竞争对手时，垄断型企业或卡特尔（企业集团）可能不堪一击。"② 对一个城市来说，这一点尤为重要，因为一般来说城市相对于国家具有更小的市场范围，在保护中发展起来的产业对外不具有竞争优势的话，就只能就地消化，在当地销售，但是，由于内部市场狭小，无法实现规模经济，这会导致较高的生产成本，进一步削弱产品的竞争力，最终致使当地生产反而不如直接购买外地生产的产品花费更少。这种产业实质上是以损害当地居民的福利水平为代价的，一个对外不具有竞争力、对内不利于居民福利水平提高的产业，即便在政府的保护下勉强维持，也不可能成为城市竞争力的来源。

因此，在比较优势基础上确定了产业定位和城市品牌定位之后，必须开放市场引入竞争，以使当地企业和产业在竞争中成长为真正具有竞争力的企业，既要对外开放、也要对内开放，既包括对国内、国际的开放，同时也包括对本市的开放。一是放开产品和生产要素流进流出的限制，积极参与地域分工，确定本市的比较优势和主导产业、重点企业和重点产品、重点品牌，允许生产要素自由流动，使企业根据利润最大化原则广泛有效引进、利用和输出各种

---

① [美] 迈克尔·波特，李明轩、邱如美译. 国家竞争优势 [M]. 北京：华夏出版社，2002.

② 同上。

生产要素，通过区域产业分工和资源、设施共享，提高资源配置效率、交易效率。二是放开对某些行业的进入壁垒和限制，鼓励竞争，让企业在竞争中成长、在竞争中创造品牌。

当然，开放带来的不仅仅是竞争的压力，同时还有与域外的交流和合作所带来的收益。在信息时代，信息能否有效传递关系到一个经济体的运转效率，而封闭经济和开放经济的最大差距就在于信息的流动性和信息的完备程度，通过对外交流和合作，城市经济行为主体可通过外溢效应有效地了解、吸收城市外的知识、技术、制度、文化、管理等，实现技术、管理和制度创新与观念的转变。

城市的对外开放程度可以通过外贸依存度、区域产业分工度、外来移民人口数量和各种正式、非正式交流频度等表现出来。

（二）对内提高行政效率、降低交易成本

政府行政效率虽然不直接构成城市品牌引力的一个要素，但是它对引力模型中的所有要素都会产生干扰和影响，直接或间接影响每一个要素的作用发挥程度，对当地的投资者和企业运行效率产生更为直接的影响。具体来讲，可以从以下三方面入手。

第一，打通政府和企业的沟通渠道。政府政策得不到有效执行、企业运行时时受到阻碍，很多时候并非政府不想把事情办好，而是缺乏政府和企业的有效沟通渠道。政府的信息企业不能及时得到，企业的问题也不能及时反馈回政府，尤其是中小企业几乎没有和政府沟通的机会，结果政府认为企业没有遵循政府的相关政策，而企业也抱怨政府的各项政策出台没有顾及甚至是损害了企业的利益。关键在于沟通渠道不畅通，政府应当为此承担起相应的职责。一是实现政府与企业的沟通制度化。2004年西安市政协就曾提出"关于建立西安市政府与企业对话沟通制度"的提案，建议政府组织设计政府部门定期与企业对话沟通的一整套制度。并在制定时将其上升到系统化、制度化的层面，对沟通的内容、主要形式、时间间隔等提出便于操作、考核、监督的具体要求；凡研究制定有可能对企业生产经营活动产生重大影响或涉及企业重大利益的经济政策

时，要事先征询相关企业的意见和建议，做到上情下达，下情上达，为政府决策提供参考。① 同年，深圳市也通过了《深圳市人民政府关于建立完善政府与企业对话沟通制度的意见》，试图通过制度化建设建立政府与企业沟通的长效机制。二是在沟通形式上可以采取网络在线服务、市长热线电话、专门的常设沟通机构等，在昆山市就有一个不成文的规矩，市长的手机 24 小时都是开着的，台商有问题可以随时拨打。城市政府还可以促进各行业成立行业协会，发挥行业协会的桥梁作用。三是在沟通中要灵活地、有针对性地为企业提供个性化服务，而非"一刀切"或生硬地"坚持原则"。台商做生意讲究吉利，1994 年捷安特落户昆山，提出能不能将工厂前的路改名，昆山政府就将捷安特公司的厂址改名为"昆山顺帆路 1 号"。这一看似简单的做法，却迎合了台商的传统习俗，获得台商的心理认同。

第二，减少和简化审批手续。烦琐的审批程序产生了高昂的交易费用，严重阻碍了投资者的到来。一方面，它严重地降低了经济运行效率，企业登记注册动辄需要跑几十个部门，盖上百个公章，企业被迫花很大的人力、财力和精力来与政府打交道，大大降低了经营效率；另一方面，权力支配资源配置必然会引发寻租行为，滋生腐败，严重破坏市场秩序。以设立新企业的审批制度为例，据世界银行公布的调查数据，在中国设立企业要 12 个程序，历时 92 天；而国际平均是 10 个程序，最少的是加拿大只需 2 个程序，平均所需时间只有 47 天。除了审批程序之外，过多的规章制度也束缚了企业家的手脚，在保证市场秩序的基础上，应当尽量减少规章制度，给予企业更多的自由发展空间。

第三，维护市场秩序，建立公平竞争的市场环境。包括保护知识产权和财产权、打击假冒伪劣商品；维护社会治安、创造健康安全的市场环境；设立技术标准，把好市场准入门槛。20 世纪 80 年

---

① 来源于《陕西日报》网站 http://www.sxdaily.com.cn。

代后期，温州制假问题突出，人们形容温州生产的皮鞋是纸做的，一穿就破，为了校正这种负外部效应，温州地方政府采用了城市主要出口设卡检查等做法，严厉打击造假行为，鼓励良好的商业道德和信用关系，终于创出了温州地区品牌。青岛市政府采取"无为而治""积极但不介入"的理念对政府角色进行基本定位，"无为而治"表现在青岛市不搞地方保护，对所有企业一视同仁，为企业创造一个公平竞争的环境，青岛市从未限制过任何一种外来产品进入，这种开放的心态，对于名牌企业的成长至关重要。"积极"表现为青岛市对假冒伪劣产品的打击、对知识产权和财产权的保护、为企业提供更多的软硬件服务、促成产业配套体系的建立等等。

四、传播策略

传播策略是城市品牌建设的重要方式，也是城市品牌有效传播的最为快捷的途径。主要途径包括媒体广告宣传、公关活动、新闻事件、会展会议等多种方式，其作用对象既可以是投资者，也可以是消费者；既可以吸引投资，也可以推销产品、开拓市场。

（一）广告策略

广告宣传是传统的传播和营销模式，通过各种媒体向目标顾客传递城市品牌的信息，包括电视、广播、网络、报纸杂志、灯箱路标以及移动广告等各种媒体。2000年，昆明以1225万元的资金在中央电视台做广告，一夜之间"昆明天天是春天"的广告词家喻户晓，随后的世博会更是吸引了成千上万的旅游者，2002年昆明实现旅游收入141.4亿元人民币，其中国际游客70万人次，旅游外汇收入1.6亿美元。至今云南旅游热潮持续不断，和昆明的首次广告效应密不可分。该广告甚至在美国播出，让全世界的人了解了昆明。昆明的一炮走红，引得众多城市效仿，从2000年开始，中央电视台突然间多了许多"城市客户"，越来越多的城市开始利用CCTV做城市品牌宣传。据央视调查公司提供的一组电视广告检测数据显示：在2002年4月24日央视国际台总共播出的81个广告中，有 14 个省市旅游形象广告，它们分别是义乌中国小商品城、中国枫溪第二届陶瓷交易会、中国桂林、哈尔滨"冰雪节"、中国河南、中国江北水城（聊城）文化旅游节、中国荣成成山头、中国攀枝花国际长江漂流节、中国优秀旅游城市辽宁鞍山、中国东营、山东蓬莱、湖南旅游、济南高新区招商局等。

但是，值得注意的是，这些广告大部分都是旅游广告，且某些城市品牌广告却并不成功。同样在中央电视台做广告，能否成功，一是取决于广告的真实性；二是取决于广告创意是否有效传递了城市品牌的单一利益点，是否针对了目标顾客；三是该单一利益点是否符合目标顾客的需要。

（二）公关策略

著名的公关学者格鲁尼格（James Grunig，1984）这样定义公关：公关是一个组织和相关公众之间的传播管理。美国公共关系协会（Public Relations Society of America，PRSA）在 1998 年对公共关系做出这样的定义："公共关系帮助一个组织和它的所有公众相互适应对方。"美国公关业权威书籍《有效公共关系》（*Effective Public Relations*）在 2000 年的第八版中，对公共关系是这样定义的："公共关系是一项管理职能，它的目的是在一个组织和决定该组织成败的所有公众之间建立和维持相互受益的关系。"

在这三个定义中，格鲁尼格强调"相关公众"，而后两个定义则把公关的对象定义为所有公众。本书认为，围绕城市品牌的公关策略应该把对象定义为城市的目标顾客，只有针对目标顾客有的放矢，才能传递单一的利益点。公关可以采取的手段多种多样，可以通过新闻媒体，也可以通过某种活动，或者直接面对目标顾客。总之，不论通过何种手段，它总是一种有目的的策划。

有些公关活动并非城市策划已久的方案，要借助于某种机遇，但是，当机遇到来时，城市应当抓住机遇，实施公关策略。苏州工业园的设立可以说是一个经典案例。1992 年邓小平南方视察后，提出可以和新加坡合资搞工业园区，学习他们的先进管理和制造经验。1993年新加坡资政李光耀来华考察，苏州借此机会，通过展示苏州刺绣、苏州园林和盆景艺术成功获得了新加坡投资园区建设。事实上，这三件物品是向李光耀推销了苏州三件最重要的产品：优雅的环境、高素质的劳动力和崇尚精细的文化，最后工业园区成功落户苏州。

城市还可以把公关活动常规化，比如设立新闻发言人、定期举办新闻发布会、通过新闻媒体向目标顾客传递品牌信息。

（三）新闻策略

如果说品牌公关是有意的策划，那么，新闻事件则是利用某种广为人知的、造成轰动效应的事件来传播城市品牌。如果说品牌公关是造势，那么，新闻事件就是借势。

一是借助影视作品。优秀的影视作品通过塑造具有感染力的人物形象和故事情节，相比于广告和公关，更能体现一个地域的历史、文化和特定的精神理念，由于影视作品高度的情感利益，会对目标顾客产生强大的引力。山西平遥是一个典型的案例，1997年，平遥的乔家大院被列入《世界文化遗产名录》，但是，它引起人们的广泛关注应归功于电视剧《乔家大院》的热播，剧中乔致庸作为晋商的代表，使乔家大院成为晋商文化的代表，相应带动了整个山西晋商大院旅游热，游客到乔家大院旅游，已不仅仅是观看一下富商的居所，而是感受当年晋商的气魄、精神。同样，当电视剧《大染坊》播出后，山东淄博不失时机地在淄博市周村入口处挂出了《大染坊》的故乡的招牌，但是，遗憾的是，淄博并没有宣传其纺织业，淄博的鲁泰纺织股份有限公司也并没有借助于该剧，面向终端客户宣传自己的历史传统，事实上，鲁泰拥有世界一流的精纺设备，被称为"色织大王"，世界上每7件色织面料生产的衬衣中就有1件源自山东鲁泰。

二是借助文体活动。文体活动具有广泛的参与性，尤其是世界性的文体活动，往往会吸引全世界的目光，伴随着活动的推进，人们会相应关注举办城市的方方面面。目前，奥运会不仅仅是一场体育盛会，更成为举办城市的一个空前营销活动，例如北京 2008 年奥运会，从申办奥运会开始的积极筹备、到申请成功的喜悦庆祝、再到整个筹备期的各项活动包括奥运会场馆的建设、徽标的确定等等，无一不牵引了全国甚至是世界华人的目光。奥运会申办成功，举办城市不仅会从奥运会本身获得收益，由此带来的长远利益更是无法估量，它本身也是城市实力和魅力的一次充分展示。

借势的关键是所借之势要和城市品牌的利益点相一致，否则，如果仅仅是借一个知名度，则对于城市竞争力提升没有任何实质意义。

（四）会展策略

会展不仅是一个产业，同时也是城市向世界各地的参展商、贸易商和观展人员展示城市的经济实力、科技水平、城市形象、行政服务的一个窗口、一次机会。会展业同时也可以视为一种公关活动，有助于加深城市政府、国内外团体和投资者彼此之间的了解和交流，推动城市间人员的互访和文化的交流。发展会展业可以说一举两得，既是一种新兴的具有高收益的第三产业，又是城市品牌的传播渠道。学者黄彬（2011）认为，会展经济是城市展示城市形象和品牌的重要手段，给城市带来潜移默化的影响，因此，发展会展业已成为世界上许多城市的选择。

举办一次成功的会展需要组织者具有高度指挥和协调能力，但关键要按照市场经济规律办事，否则，一次会展失败损失的不仅是直接的经济效益，更重要的是城市品牌在参展者等心目中的损害，这一损害将造成更长远的经济和社会损失。2005 年济南市举办全国糖烟酒展览会，会前，济南市政府宣称要把这届展览会办成全国有史以来最大的一次，但是，由于没能阻止会外展，导致此次会展草草了事，以失败告终。

五、投资策略

打开每一个城市的政府网站，都可以看到"投资者"或"投资服务"这一栏目，一般包括鼓励投资的行业如推荐投资项目、招商引资项目等、投资环境介绍、投资政策法规介绍和投资审批流程服务等。可以说，大部分政府都把投资政策理解为各种优惠政策，不可否认，这是投资策略的一部分，但不是全部；完整的投资策略应该是针对潜在投资者和现有投资者的一整套相关服务，包括投资前、投资过程中和投资后的行动策略。

（一）投资前的信息交流与沟通

投资前，首先要针对城市品牌定位锁定目标顾客——潜在投资者，即吸引什么行业的投资者？吸引哪里的投资者？吸引大型企业还是中小型企业？然后，运用上述新闻传播策略进行宣传，在对投资者进行宣传时，要做到知己知彼，方能百战不殆，就是不仅要搞清楚自身的比较优势，还要研究投资者的文化背景和行为特点，根据自身比较优势，针对不同投资者量身定做、有针对性地宣传。因此，这里说的宣传更多地有沟通的意思，宣传是单向的，但沟通是双向的。目前我国大部分城市对自身比较优势的分析较为重视，但是大多数都忽视了对投资者的分析，结果造成自身的比较优势和投资者的需求不匹配，往往是事倍功半。因此，在对投资者的分析上要花费更多的精力和时间，具备足够的耐心向投资者提供所需的各种资料，邀请投资者到城市参观、考察，全面介绍当地的环境、政策、资源、人才技术等各方面情况，向其推荐良好的合作伙伴；也可以到投资者所在国家和地区进行访问，一方面打消投资者的顾虑；另一方面也可以考察一下投资者的实际情况是否符合本市的产业定位，通过事前的密切交往建立感情和信任关系，为下一步合作奠定基础。

此外，由于信息不完备，有些投资信息我们并不知道，这就要求城市要扩大信息来源。其中比较可行的方法是加强与国内外商会、各种中介组织沟通，运用中介委托招商，城市都要建立高效的招商机构，经常到京、沪拜会各国驻华商会。驻华商会是联系外国公司与中国的纽带，与之加强沟通，可以提高一个城市在驻华大公

司、大商社及政府机构的知名度和影响力，借以获取各大公司、大
商社的投资信息。还可以加强与国际著名律师事务所、会计师事务
所等中介组织的联系。中介组织并不直接投资，但国际大公司、大
商社是其固定的客户，通过它们可以得到宝贵的投资信息。

（二）投资过程中的跟踪服务

在吸引投资者的过程中最忌短期行为，投资只要来了即告结
束，而不管投资者到来之后的项目落实状况和经营状况，对投资者
遇到的实际困难不管不问，这种做法会使投资者感到心寒，更不可
能建立长期的合作关系。一是要对有投资意向的潜在目标顾客，应
当加强联系，争取与潜在投资者建立热线联系，跟踪落实项目，邀
请其来本市参观访问，帮助搜集资料，及时提出合理的投资建议。
二是要对已在本市投资的投资者实施跟踪服务，要帮助企业解决实
际困难，扶持他们把企业办好，关键是让其盈利。任何投资者到一
个城市来投资，目的都是能够获取盈利，这是一个城市能否留住投
资者的关键。哈尔滨经济技术开发区网站上刊登了一篇题为《黑龙
江双城市"创造赚钱效应"吸引投资者》的文章，讲述双城市政
府抓住投资者最关心的能否赚到钱的问题，以雀巢公司在双城成功
发展的事实，解除投资者的后顾之忧。双城雀巢公司1990年试机
投产，实现当年建厂、当年投产，当年见效。此后，该公司相继改
建、扩建，日处理鲜奶能力增至1050吨，每年上缴税金超亿元，
已成为亚洲最大的现代化乳制品生产基地。雀巢在双城投资赚钱的
成功经历，成为双城市招商引资最具说服力的典范。前来考察的投
资者亲身感受到了在双城投资的"赚钱效应"，纷纷拍板在双城投
资办厂。新加坡旺旺控股有限公司在双城投资1000万美元建设双
城瑞麦食品有限公司，年产3.3万吨膨化食品和休闲食品。哈工大
集团有限公司在双城投资3000万元建设黑龙江鼎鑫包装有限公司，
年产1000万平方米的包装纸板。①

① 案例来源于http://www.kaifaqu.com.cn。

（三）投资后的持续服务与感情联系

投资者已经到本市投资之后，通过各方面的实际接触，会对城市产生新的心理认知，这种心理认知可能与他投资前的目标预期相符，也可能存在较大差距，从而使投资者产生满意或者后悔的心理。

根据第五章公式（5−1），用 β^e 表示投资者投资前对城市的心理感应系数，假定投资者在投资前对城市没有任何了解，所有的信息来源均来自城市政府所做的宣传，则 β^e 取决于政府根据城市品牌所确定的投资品类 IB 及其宣传策略的精确度 S，可用函数表示为 $\beta^e = f(IB, S)$。当投资过程结束后，实际投资已经发生时，投资者会根据投资过程中所获得的信息重新产生一个对城市的心理感应系数，这个心理感应系数是投资者对城市的真实感受，我们用 β 表示，这一心理认知直接来源于投资者在投资过程中所得到的政府实际服务以及对城市投资品类的直观认可程度。二者的差距即可说明城市品牌信用度的大小，即 $B_c = \beta - \beta^e$。

若 $\beta > \beta^e$，则 $B_c = \beta - \beta^e > 0$。说明投资者经过实际投资之后，心理感应比原来预期的还要好，城市品牌不仅完全兑现了其承诺，而且说明城市品牌的宣传没有完全到位，这可能是投资者所关心的但是城市政府并没有意识的一些要素。因此，在投资过程中以及投资结束后，应该定期与投资者交流，及时得到反馈信息，完善城市品牌策略。

若 $\beta = \beta^e$，则 $B_c = \beta - \beta^e = 0$。说明投资者的实际感受和预期完全一致，城市品牌策略精确度比较高，城市品牌也完全兑现了其承诺。这是最理想的一种状况。

若 $\beta < \beta^e$，则 $B_c = \beta - \beta^e < 0$。说明投资者的实际感受没有达到预期目标，也就是说城市品牌所承诺的部分或全部没有兑现，这会使投资者产生后悔心理，不仅影响以后的持续投资，而且会通过口碑传播直接影响其他潜在投资者。

因此，政府在实际投资发生之后，应当适时关注投资者的心理感受，通过定期沟通、访问等方式，及时获得反馈信息。如果投资者的实际心理感受比预期的好，要搞清楚是哪些方面是他们产生较好的心理感受，或者给他们带来了更大的收益，这将为城市品牌策略的进一步完善和挖掘提供基础；如果投资者的实际心理感受比预期的要差，也要搞清楚哪些方面使他们感到失望，这些因素务必改进。城市品牌只有完全兑现了其承诺，即 $\beta \geq \beta^e$，才会使投资者感到满意，并产生继续投资和合作的信心，不仅如此，还可以通过以商招商的方式，滚动发展，使现有投资者本身成为城市品牌的一个传播渠道。此外，即便投资者的实际心理感受和预期完全一致，即 $\beta = \beta^e$，也可以通过感情投资的方式，为投资者提供额外的增值服务，使得 $\beta > \beta^e$。比如，建立起完整的客户资源档案，档案内容包括客户生日、家庭住址、联系方法、日常喜好等。客户过生日发送贺卡、圣诞节时问候等都是联系投资者的好方法。感情投资可以打动客户，长期坚持下去，就能建立彼此的信任关系，推动持续投资。因为任何品牌都包含物质和情感两方面因素，后续的情感投资具有累积作用，可以持续不断地为城市品牌增添新的价值。

六、路径策略

（一）品牌形态演变规律

从城市竞争的角度看，品牌形态的演变有一个从产品品牌到产业品牌、再到城市品牌的发展过程。

其中，产品品牌始终是一个城市竞争力的根基和最终落脚点。城市的根本功能体现在其集聚功能和扩散功能，集聚是手段，通过集聚功能吸引各种生产要素包括人力资本，产生外部效应，降低成本，但是，集聚不是最终目的，最终目的是整合各种资源和要素生产出足以抗衡其他城市的产品，只有控制了市场，才能实现城市的价值。城市竞争的直接目的是为了吸引投资者、游客和消费者，吸引投资者可以充分发挥城市的集聚功能，随着实力雄厚的投资者的到来，各种相关的生产要素包括各种人才都会跟随而至，但是，吸引投资者的最终目的还是希望其能够整合各种资源生产出具有市场竞争力的产品，只有强势品牌产品才能够稳定持久地占领市场。吸引游客事实上也是通过为游客提供旅游品牌来实现的，旅游品牌既可以包括当地的山水风情等自然景观和名胜古迹、现代化建筑等人文景观，还可以包括各种旅游项目、活动等服务品牌。所以，最终的落脚点和根基是产品品牌，如果没有产品品牌的支撑，再好的城市品牌也不可能维持长久，最多是一个虚名品牌。

产业品牌是城市竞争力的支柱。事实表明，仅仅拥有一两个产品品牌对城市竞争力作用不大，城市竞争力的提升需要以优秀品牌为龙头的产业品牌的支撑。首先，从品牌的形成机制看，真正优秀的品牌是通过市场竞争优胜劣汰的结果，根据迈克尔·波特的理论，一个企业的当地竞争环境非常重要，当地竞争企业之间越激烈，越有利于企业竞争力的提高，而产业集群是形成这种竞争环境的良好土壤，因此，在竞争中通常会有不止一家企业脱颖而出，往往是一批企业、一批名牌，甚至由产品品牌上升至产业品牌。其次，受到人类大脑有限性的限制，只有当某个信息重复出现时，才会加强大脑的记忆。因此，除非采取特定的宣传措施或者品牌的知名度极高、竞争力极强，否则人们往往不会因为单个品牌就记住某个城市，一般只有当一批品牌从一个城市产生，形成产业品牌时，才会引起人们对该城市的注意。

城市品牌则是品牌发展的最高形态，随着一批品牌产品的产生甚至上升为产业品牌时，人们就会形成对该城市的品牌认知，这种品牌认知来源于产品品牌和产业品牌所传递的信息，包括产品和产业本身的信息，以及有它们所体现的城市精神、历史传统和价值观等。城市品牌一旦形成，就会加剧城市的集聚功能和扩散功能，并反作用于产品品牌和产业品牌，因此，城市品牌的终极目的仍然是为产品品牌和产业品牌服务。产品品牌和产业品牌在促进城市品牌形成的同时又强化了自身。

（二）我国城市品牌建设的路径分析

现实中，品牌形态的演变过程不一定完全按照上述路线发展，一颗经济萌芽的种子有可能从一个产品开始、也可能从一个产业集群开始，或者发轫于政府的推动。按照品牌形态的演变，目前我国的城市品牌发展路径模式大致可以分为两种，即青岛的产品模式和温州的产业集群模式。

青岛模式的发展道路是从产品品牌入手，通过产品品牌的示范效应带动其他产品品牌的发展，或者吸引外来投资，逐渐形成产业品牌，与此同时，通过品牌经济的全面发展打造城市品牌。青岛市政府在中国第一个明确提出发展品牌经济并实施名牌发展战略，其突出特点是先培育出一批竞争力非凡的大品牌，目前已有海尔、海信、澳柯玛、青啤、双星等国内外知名品牌，在2004年世界品牌实验室评选的世界最具价值的100个品牌中，海尔成为唯一入选的中国本土品牌，实现了零的突破。大品牌的发展带动相关配套产业、吸引外来配套资金，逐渐形成了家电产业集群，仅海尔、海信、澳柯玛三大龙头企业就带动了800多家配套企业的发展。然后通过示范效应从物质上的产品品牌、管理上的企业品牌，向机关服务品牌、个人服务、技术品牌延伸，全方位品牌化的浪潮席卷岛城。全方位的品牌战略强化了"青岛是最适宜品牌成长的城市"概念，目前已初步形成"品牌青岛"这一城市品牌，并逐渐发挥引力作用，国际消费电子展（CES）移师中国落户在青岛即为例证。

以温州为代表的江浙等东南沿海一带的发展模式，则是伴随着产业集群的发展开始的，产业集群的发展形成了产业品牌、既而形成城市品牌，最后在集群的竞争中产生产品品牌。东南沿海是我国改革开放的前沿阵地，私营经济发达。

在这种模式中又可以分成两类：一类是江浙一带，这里的人们普遍有经商的历史传统，大多数依托当地的传统进行家庭手工作坊式的生产，这种生产和青岛的大品牌恰恰相反，以小五金、小饰品、纺织服装等传统产业为主，进入门槛低，企业规模小，由大量的小企业发展而逐步形成产业集群。

另一类是广东一带，以东莞、佛山顺德等为代表，这一类产业集群主要是抓住了世界产业结构大调整的时机，从电子信息产品的代加工和装配业务等低端做起，积极主动融入信息产业的全球化生产链中，而信息产业的模块化生产模式恰好使得这样做成为可能。可见，这些产业集群的共同特点都是从产业链的低端入手，先由众多规模较小的企业自发形成产业集群和产业品牌，然后，随着集群内企业间的竞争和产业价值链向上游转移，最终有一批优秀的企业在竞争中不断壮大、脱颖而出，形成具有影响力的产品品牌。本书认为，也只有形成了一批在全国甚至世界范围内的强势品牌之后，这个产业集群才称得上是有竞争力的、成熟的产业集群。

以上两种模式并无优劣之分，每个城市应根据自身的现状选择最适合本市的品牌发展战略。下面，就通过对这两种模式的比较，来说明城市在进行品牌建设时应采用何种模式更为合适？

（三）城市品牌两种路径模式比较

以上两种品牌发展模式实际上是两条不同的发展道路，每一条道路的发生、发展和结果表现都不相同。

1. 初始驱动力不同

即推动的主体不同。在青岛模式中，政府与企业家共同推动了城市品牌的建设。首先，政府的作用功不可没，由于城市品牌具有很强的外部性和公共物品性质，因此，在缺乏产品品牌和产业品牌的支撑下，也只有政府才可能作为主导力量推动城市品牌的建设，或者由类似的公共机构出面组织。但在青岛模式中，虽然政府起到了很大的作用，但更多的是推波助澜、顺势而为的扶持作用，该模式中最关键的推动力应当是一支强悍企业家队伍，青岛更多的是全国甚至国际知名的企业家，如张瑞敏、周厚健等，无一不是对企业的长期战略规划做出了不可磨灭的贡献，政府的作用在于搭建平台、择优扶持。相比起青岛模式，温州模式中政府的作用则弱得多，该模式的驱动力毫无疑问是市场，受益于市场的率先开放和当地的经商传统、商业意识，各种私营经济自生自灭，从小规模、低端产品做起，产品本身并不具备什么优势，甚至根本就没有品牌，温州还曾经是全国假冒伪劣产品最猖獗的地区，然而，随着市场发育的逐渐完善和政府的规制，这些企业的生产经营也逐渐规范，形成产业集群，由于产业集群的地域性明显，因而，区域品牌和城市品牌随着产业品牌的形成而逐渐清晰。之后，随着集群的发展和集群内企业的竞争，一批优秀企业脱颖而出，规模和实力不断壮大，锻造了自己的产品品牌。所以说，温州模式中，政府的作用是规范市场秩序，而整个品牌的产生、发展都是市场竞争优胜劣汰的自然结果。因此，青岛模式和温州模式的驱动力分别是企业家和市场，政府在两种模式中均起到了扶持和规范的作用。

2. 发展条件不同

青岛模式要求城市有一定规模的企业基础和企业家队伍，目标定位于把品牌做强做大，选择的产业也应当是具有明显的规模经济效应的产业。青岛的知名品牌几乎都是集体或国有企业，虽然现在看来，当初的那些企业都称不上什么规模和实力，但是，横向比较，这些企业构成了当地的经济基础，依托已有的基础发展要比重新创牌现实得多。北方文化的宽厚、大气和深远也为大品牌的建设提供了精神依托。温州模式则要求市民具有创业意识、商业意识，并且能够找准城市的传统特色和优势，选择那些市场变化快、对生产的灵活性要求高的产业。

3. 发展结果不同

青岛品牌的发展仍然沿袭了大品牌的发展道路，以少数大企业、大品牌为核心，大量为之配套的中小型企业形成众星拱月之势。而且，在海尔等强势品牌的带动下，青岛开始实施品牌梯队战略，后续力量强大，属于稳扎稳打型，在产品品牌的坚实基础上，借助 2008 年北京奥运会，青岛凭借得天独厚的水域条件，打造了"帆船之都"这一城市品牌。温州模式则更多的是产业集群内的企业相互关联而形成网络模式，集群内的企业的市场联系紧密，但企业之间独立性较强、联系方式灵活，其柔性化生产链易于适应灵活多变的市场。

4. 要解决的问题不同

青岛的品牌经济发展最为全面，而且非常稳健，目前产品品牌和城市品牌已经深入人心，现在所要做的是如何整合各种资源形成产业集群效应，打造产业品牌。温州模式从产业品牌发起，现在加强两头的建设，一是进一步做强做大优势产品品牌，提升产品品牌的国际竞争力；二是有意识地进行城市品牌建设。东南沿海的城市品牌直接源于人们对当地产业品牌的认知，是产业品牌的一种转移，但是，这种城市品牌过于粗糙，还缺乏统一的城市精神文化理念作为对外的吸引魅力和对内的凝聚力。

总之，无论何种模式，政府的作用不可或缺，尤其是目前处于劣势的城市，试图像温州模式那样完全靠市场的力量从产业品牌做起，在现在这种激烈的城市竞争格局中很难行得通。因此，一方面，动用政府力量创建城市品牌加速品牌经济的发展，对外为企业铺路搭台，从政策上为名牌企业的发展搭建平台；另一方面，在政府维护市场秩序和公平竞争的前提下，充分发挥市场的力量通过优胜劣汰的市场机制创建产品品牌，在这方面，政府不能取代市场直接干预企业的发展。

本章小结

本章假设城市品牌定位已经完成的情况下，通过构建城市品牌经济策略模型，来解决在城市品牌品类度综合指数一定的条件下，如何提高城市品牌经济策略的精确度的问题。围绕城市品牌定位和实现城市品牌引力，本章提出了城市品牌经济六大策略，分别为：产业策略、环境策略、制度策略、传播策略、投资策略和路径策略，并分别进行了论述。

第八章 结论与研究展望

第一节 本书结论

通过对城市的目标顾客——外部投资者和消费者的选择行为分析，本书认为，城市品牌通过城市品牌定位并辅之以精确的城市品牌经济策略，对目标顾客做出并兑现其承诺，可以降低目标顾客的选择成本。因而，能够影响目标顾客的选择行为，进而提升城市竞争力。而城市品牌一旦形成，又会成为城市竞争力的集中体现，反过来强化城市竞争力。

一、城市竞争力的品牌机制

城市品牌作用于消费者的机制是：城市品牌集里的消费品类一定，则所能满足的消费需求一定，价格也随即确定，这二者结合便决定了同时具有购买意愿和购买能力的消费需求；辅以精确的品牌策略，便可以保证消费者选择成本最低，成为消费者购买的理由。同样，我们假定投资者是在进入成本和预期收益一定的条件下，寻求选择成本的最小化。经过分析，得出城市品牌对投资者的作用机制在于，在投资者数量一定的情况下，如何确定一个投资者品类，并附以精确的城市品牌策略使该品类信息准确无误传递给投资者，以最大限度地降低投资者的选择成本，从而吸引该类型投资者。

二、城市品牌引力

城市品牌之所以能降低目标顾客的选择成本，是因为其所包含的品牌因子。本书在对传统区位理论和贸易理论进行梳理的基础上，把城市品牌的引力因子归结为五个：市场因素、成本因素、品类品牌、政府行政效率以及外部投资者和消费者对城市的心理认同感。经过对城市品牌引力模型的静态分析和动态分析，得出城市品牌引力作用于城市竞争力的基本结论。首先，静态地看，在城市品牌策略 S 完全正确的条件下，城市品牌品类度综合指数越接近于 1，城市品牌引力越大。若要增强城市品牌引力，城市必须不断提高品牌品类度，多个低品类度品牌的简单叠加丝毫无益于城市品牌综合品类指数的提高。其次，动态地看，城市品牌引力大小取决于三个因素：城市品牌品类度综合指数 B、城市品牌集的大小 m 和城市品牌策略集 S。要使城市品牌引力达到长期最大化，即实现城市竞争力的持续提升，在满足策略集 S = 1 的必要前提下，根据城市的现实情况，有两条道路可走：一是在城市现有竞争力较强且调集资源的能力较强的情况下，应采取分散风险策略，力争培育多个品类度较高的品牌；二是如果城市现有竞争力较弱，则很难保证所有的品牌都能够做到 $B \to 1$，也就是很难保证所有品牌的品类度，此时应当集中优势资源实行单品牌策略，以期从某一点上取得突破。这也就解释了为什么大城市要强、小城市要特的问题。

三、城市品牌定位

城市品牌定位应当采用由外到内的拉力模式，从预期目标顾客的偏好出发，寻找某个单一利益点以满足目标顾客的偏好，确定一个品类，形成城市品牌定位。然而，城市品牌定位并非一蹴而就，而是包括城市空间定位、城市产业定位和城市品类定位在内的一个定位集合。城市品牌定位的基本思路是：首先确定城市是多大空间范围的核心，这是城市发展的基本约束条件；其次，确定城市是该空间范围的什么样的核心；最后，城市空间定位和城市产业定位只是给了城市品牌一个壳，要确定城市品牌的内核还必须进一步确定城市的产品品类和投资品类。在所有的城市品牌定位模式中，小城市可以采取小空间—少产业—高品类的定位模式；大城市可以采取大空间—少产业—高品类或大空间—多产业—高品类的定位模式。

四、城市品牌经济策略

要保证城市品牌定位的实现，也就是保证城市品牌信用度的提高，就必须辅以精确的城市品牌经济策略。本书总结的城市品牌经济策略共六项，按照实施的先后顺序分别是：产业策略、环境策略、制度策略、新闻策略、投资策略和路径策略，各个城市可以根据本市的具体情况从不同的切入点、采取不同的策略，以寻求突破口。

五、通过分析论证，本书成功地回答了导论中提出的三个问题

一是为什么城市发展有速度之别？在传统的城市竞争中，随着城市演变和城市竞争的日益加剧，城市发展速度可以依次归结为经济增长理论所关注的劳动力等要素禀赋、资本、技术、制度等。然而，在生产要素流动性日益增强和产品同质化日益严重的条件下，在生产问题解决了之后，如何才能够有效开拓外部市场、争取更大范围的消费者以实现其价值？通过分析，本书认为，品牌是高度集中体现了城市的核心要素并能够有效吸引投资者和消费者的关键因素之一，因而也是现代城市发展速度的关键因素之一。

二是为什么同质化产品能在不同区域之间销售？本书分析表明，在产品同质化条件下，品牌差异代替了产品差异。尽管产品本身可能无差异，但是基于同质产品形成的不同品牌却可以形成不同的利益点，从而满足消费者的不同偏好，通过品牌贸易消费者仍然可以获得更高的福利水平。

三是为什么像日内瓦这样的小城市可以突破空间限制、谋求更大的发展？本书认为，确定正确的品类是城市突破空间限制的最有效途径。任何城市都是一定空间范围的核心，这一空间范围构成城市发展的基本约束条件，城市要想突破这一约束条件，必须通过品类定位开拓城市的无形空间。在实施了品类定位从而确定了城市品牌之后，任何一个城市都有两个空间概念，一个是地理空间，受制于距离和运输成本；另一个是品类品牌空间，只有它可以使城市突破地理空间的约束。

第二节　研究展望

本书构建了核心模型——城市品牌引力模型，但是，由于本人能力有限，无法进行大规模的问卷调查，其他的城市资料收集方面也存在着困难，本书未能设置计量模型，对城市品牌引力与城市竞争力进行实证研究，这是本书的最大缺憾。

一个成功的理论模型，不仅要能够解释已经发生的事实，而且要能够对未来进行预测和指导，具有实用性。因此，未来的研究应当进一步充实、细化本书提出的理论模型，并且能够运用该模型，对一个相对完整的城市体系的各个城市进行城市品牌引力的实证分析，并提出具有指导性的对策建议。

参 考 文 献

［1］［美］凯文·莱恩·凯勒著，李乃和、李凌、沈维、曹晴译．战略品牌管理［M］．北京：中国人民大学出版社，2003．

［2］孙曰瑶．品牌经济学的任务、对象和若干基本问题［J］．宁夏社会科学，2005（6）．

［3］孙曰瑶．品牌经济学［M］．北京：经济科学出版社，2005．

［4］年小山．品牌学［M］．北京：清华大学出版社，2004．

［5］余明阳主编．品牌学［M］．合肥：安徽人民出版社，2002．

［6］李光斗．品牌竞争力［M］．北京：中国人民大学出版社，2004．

［7］秦泽明浩．全维操作：图解品牌运营105策［M］．北京：中央编译出版社，2004．

［8］王永龙．中国品牌运营问题报告［M］．北京：中国发展出版社，2004．

［9］［美］迈克尔·波特，李明轩、邱如美译．国家竞争优势［M］．北京：华夏出版社，2002．

［10］［美］迈克尔·波特，高登第等译．竞争论［M］．北京：中信出版社，2003．

［11］倪鹏飞主编．中国城市竞争力报告No.1［M］．北京：社会科学文献出版社，2003．

［12］倪鹏飞主编．中国城市竞争力报告No.2［M］．北京：社会科学文献出版社，2004．

［13］倪鹏飞主编．中国城市竞争力报告No.3［M］．北京：社会科学文献出版社，2005．

［14］倪鹏飞主编．中国城市竞争力报告 No. 15 ［M］．北京：中国社会科学出版社，2016.

［15］连玉明主编．中国城市报告 2004 ［M］．北京：中国时代经济出版社，2004.

［16］［美］加里·S. 贝克尔．人类行为的经济分析 ［M］．上海：三联书店出版社，1993.

［17］［美］加里·S. 贝克尔．口味的经济学分析 ［M］．北京：首都经济贸易大学出版社，2000.

［18］邬义钧、邱钧主编．产业经济学 ［M］．北京：中国统计出版社，2001.

［19］姜杰、张喜民、王在勇．城市竞争力 ［M］．济南：山东人民出版社，2003.

［20］吴殿延主编．区域经济学 ［M］．北京：科学出版社，2003.

［21］吕玉印．城市发展的经济学分析 ［M］．上海：上海三联书店出版社，2000.

［22］［美］K·J. 巴顿．城市经济学 ［M］．北京：商务印书馆，1984.

［23］［英］保罗·贝尔琴、戴维·艾萨克、吉恩·陈，刘书翰、孙钰译．全球视角的城市经济学 ［M］．长春：吉林人民出版社，2003.

［24］［美］阿瑟·奥沙利文，苏晓燕、常荆莎、朱雅丽译．城市经济学 ［M］．北京：中信出版社，2003.

［25］罗涛、张天海等．中外城市竞争力理论研究综述 ［J］．城市研究，2015 （30）.

［26］董旭、吴传清．城市竞争力评价的理论模型、体系与方法 ［J］．经济学研究，2017 （1）.

［27］施玮．中国城市竞争力研究述评 ［J］．科技和产业，2011 （12）：147 - 150.

[28] 韩学键等. 基于 DEA 的资源型城市竞争力评价研究 [J]. 中国软科学, 2013 (6).

[29] 刘彦平. 城市影响力及其测度 [J]. 城市与环境研究, 2017 (1).

[30] 庄德林、韩荣、王春燕. 中国城市软实力竞争: 动因、瓶颈与营销战略 [J]. 青海社会科学, 2014 (1).

[31] 张燕. 方区域经济理论综述 [J]. 大复印报刊资料: 城市经济、区域经济, 2004 (4).

[32] 王明浩. 中国城市发展问题透视 [J]. 城市发展研究, 2003 (3).

[33] 张玉斌、朱文晖. 区域优势: WTO 时代地方政府的博弈策略 [M]. 南京: 江苏人民出版社, 2003.

[34] 陈栋生主编. 中国区域经济新论 [M]. 北京: 经济科学出版社, 2004.

[35] [美] 杰克·特劳特、史蒂夫·瑞维金, 李正栓、贾纪芳译. 新定位 [M]. 北京: 中国财政经济出版社, 2002.

[36] [英] 安德鲁·坎贝尔、凯瑟琳. 萨默斯. 卢斯等, 严勇、祝方译. 核心能力战略 [M]. 大连: 东北财经大学出版社, 2003.

[37] 孙日瑶、刘华军. 经济研究中如何提出正确的问题 [J]. 宁夏社会科学, 2007 (2).

[38] 高汝熹、罗守贵. 城区核心竞争力——都市功能空间实现的根本途径 [M]. 上海: 上海交通大学出版社, 2004.

[39] [美] 艾·里斯 (Al Ries), 杰克·特劳特 (Jack Trout), 王恩冕、于少蔚译. 定位 [M]. 北京: 中国财政经济出版社, 2002.

[40] 陆大道. 区位论及区域研究方法 [M]. 北京: 科学出版社, 1988.

[41] [美] 阿尔·里斯、劳拉. 里斯, 周安柱、储文胜、梅

清豪译. 品牌22律 [M]. 上海: 上海人民出版社, 2004.

[42] [美] 阿尔·里斯、劳拉·里斯, 火华强译. 品牌之源 [M]. 上海: 上海人民出版社, 2005.

[43] 周一星. 城市地理学 [M]. 北京: 商务印书馆, 1995.

[44] 约翰·史塔德. 新丝绸之路——跨国公司老板眼中的中国市场 [M]. 北京: 中国对外经济贸易出版社, 2002.

[45] 孙日瑶. 自主创新的品牌经济学研究 [J]. 中国工业经济, 2006 (4).

[46] 孙日瑶、刘华军. 经济永续增长的品牌经济模型 [J]. 福建论坛 (人文社科版), 2006 (2).

[47] 刘华军. 品牌的经济分析——一个比较静态模型 [J]. 财经科学, 2006 (8).

[48] 刘华军. 品牌经济学的理论基础: 引入品牌的需求曲线及其经济学分析 [J]. 财经研究, 2006 (12).

[49] 刘华军. 现代经济增长的综合分析框架: 分工—制度—品牌模型 [J]. 财贸研究, 2006 (4).

[50] 刘华军. 品牌与选择行为的经济分析——基于目的理性假设 [J]. 贵州财经学院学报, 2006 (2).

[51] 刘华军. 企业永续增长的品牌模型及应用 [J]. 西安财经学院学报, 2006 (3).

[52] 刘华军. 基于品牌拉力的供应链博弈分析 [J]. 当代经济管理, 2007 (1).

[53] 刘华军. 品牌信用及其经济学分析 [J]. 山东经济, 2006 (4).

[54] 刘华军. 品牌的契约性质: 品牌契约论 [J]. 太原理工大学学报, 2006 (3).

[55] 刘华军. 消费者选择理论的重构: 品牌与数量选择的两步法经济分析 [J]. 石家庄经济学院学报, 2006 (5).

[56] 刘华军. 品牌效用函数与消费者品牌选择行为 [J]. 山

东财政学院学报，2006（4）.

[57] 王新新. 创名牌：谁是主角？谁来认定？——对几个案例的分析 [J]. 经济纵横，1997（12）.

[58] 王新新. 经济人假设的合理性及其现实意义 [J]. 甘肃社会科学，1995（3）.

[59] 王新新. 我国零售商应积极发展自有品牌 [J]. 企业研究，2003（5）.

[60] 王新新. 论名牌的创立 [J]. 当代经济科学，1998（4）.

[61] 王新新. 品牌本体论 [J]. 企业研究，2004（8）.

[62] 王新新. 品牌短视症 [J]. 企业研究，2002（19）.

[63] 王新新. 品牌管理大趋势 [J]. 企业研究，2003（9）.

[64] 王新新. 品牌形成始于产品认知 [J]. 经济纵横，1999（12）.

[65] 王新新. 从制造产品到提供方案 [J]. 经济纵横，2000（1）.

[66] 王新新. 制造满足消费者心理需求的符号 [J]. 中国工业经济，1998（8）.

[67] 郑学益. 构筑产业链，形成核心竞争力 [J]. 福建改革，2000（8）.

[68] 聂献忠. 城市旅游吸引力结构分析与竞争力研究 [J]. 现代城市研究，2006（1）.

[69] 孙丽辉、史晓飞. 中国城市品牌产生背景及理论渊源 [J]. 中国行政管理，2005（8）.

[70] 马瑞华. 论以品牌战略目标替代技术创新战略目标 [J]. 经济师，2005（4）.

[71] 马瑞华. 城市竞争力理论及其新发展 [J]. 生产力研究，2006（3）.

[72] 马瑞华. 城市品牌定位与品牌溢价 [J]. 商业研究，2006（8）.

［73］马瑞华.中国产品品牌空间分布研究［J］.经济师，2006（6）.

［74］马瑞华.温特尔主义、丰田主义与中国品牌战略［J］.商业时代，2006（11）.

［75］马瑞华.品牌延伸、多元化与核心竞争力［J］.商场现代化，2005（12）.

［76］马瑞华.中国城市品牌发展模式比较研究［J］.商业时代，2006（8）.

［77］黄彬.会展经济与城市品牌联动效应研究［J］.现代城市，2011（1）.

［78］李华君、张婉宁.G20期间杭州城市品牌符号体系建构［J］.品牌研究，2016（5）.

［79］冯林.城市品牌定位及主要模式综述［J］.黑龙江对外经贸，2011（7）.

［80］钱明辉、苟彦忠、李光明.城市品牌化影响因素研究述评［J］.云南财经大学学报，2016（1）.

［81］熊义杰、武瑞.城市经营中的市场失灵和政府"失灵"［J］.城市问题，2006（9）.

［82］杨礼茂、程晓珂、李文静.城市品牌建设研究综述［J］.价值工程，2016（9）.

［83］宋欢迎、张旭阳.城市品牌形象利益相关者感知度测度［J］.城市问题，2017（5）.

［84］王勇.城市品牌研究述评［J］.商业研究，2012（4）.

［85］李平华、于波.城市区位研究的回顾与评述［J］.城市问题，2006（8）.

［86］陆大道.区域发展及其空间结构［M］.北京：科学出版社，1999.

［87］［德］阿尔弗雷德·韦伯著，李刚剑译.工业区位论［M］.北京：商务印书馆，1997.

[88] 宋金平、李香芹. 美国的城市化历程及对我国的启示 [J]. 城市问题，2006 (1).

[89] 汤茜草. 无形城市对当前城市运营理念的冲击 [J]. 城市问题，2006 (6).

[90] 程开明、陈宇峰. 国内外城市自组织性研究进展及综述 [J]. 城市问题，2006 (7).

[91] [澳] 杨小凯、黄有光. 专业化与经济组织 [M]. 北京：经济科学出版社，1999.

[92] 黄亚平、汪进. 论小城市特色的塑造 [J]. 城市问题，2006 (3).

[93] 李雪敏. 城市品牌资产评估体系构建研究 [J]. 财经理论研究，2015 (2).

[94] 郝胜宇、白长虹、王冬. 基于顾客视角的城市品牌评价研究，2010 – 03 – 25.

[95] 杨礼茂、陈玉. 顾客参与城市品牌价值共创策略研究 [J]. 管科技创业月刊，2017 (15).

[96] 王勇. 关于城市品牌实证研究的述评 [J]. 经济论坛，2012 (4).

[97] 钱明辉. 城市品牌化成功要素研究：ISE 概念模型 [J]. 国家行政学院学报，2010 (4).

[98] 黄志贵. 整合传播的策略创新——以塑造重庆城市品牌为例 [J]. 当代传播，2009 (1).

[99] 张炎、张锐、刘进平. 重庆城市品牌塑造战略及实施策略研究 [J]. 城市问题，2007 (5).

[100] 郝胜宇. 国内城市品牌研究综述 [J]. 城市问题，2009 (1).

[101] 宁海林. 杭州城市品牌论——兼论城市品牌定位 [J]. 城市学刊，2016 (9).

[102] 吴伟、代琦. 国外城市品牌定位方法述要 [J]. 城市问

题，2010（4）.

[103] 庄国栋、张辉. 基于选择成本的旅游城市品牌信用要素研究 [J]. 统计与决策，2015（16）.

[104] 白翠玲、王红保. 基于品牌信用的旅游景区品牌要素塑造研究 [J]. 石家庄经济学院学报，2013（4）.

[105] 刘正良、常量. 中国城市品牌竞争的比较分析 [N]. 中国城市报，2016 – 09 – 12 第 16 版.

[106] 送欢迎、张旭阳. 中国城市品牌形象受众感知评价研究 [J]. 新闻界，2017（3）.

[107] 王欣、吴殿廷、肖敏. 产业发展与中国经济重心迁移 [J]. 经济地理，2006（6）.

[108] 耿帅. 集群企业竞争优势的共享性资源观 [J]. 经济地理，2006（6）.

[109] 王缉慈等. 创新的空间——企业集群与区域发展 [M]. 北京：北京大学出版社，2001.

[110] 朱静芬、史占中. 中小企业集群发展理论综述 [J]. 经济纵横，2003（9）.

[111] [美] 保罗·克鲁格曼著. 地理和贸易 [M]. 北京：北京大学出版社，2000.

[112] 盛世家、郑燕伟. "浙江现象"产业集群与区域经济发展 [M]. 北京：清华大学出版社，2004.

[113] 王缉慈. 产业集群：城市发展的名片 [J]. 中国质量与品牌，2004（8）.

[114] 普军、阎小培. 专业镇经济模式的形成机制：特征与发展策略研究——以佛山市为例 [J]. 人文地理，2004（3）.

[115] 刘志高、尹贻梅. 经济地理学与经济学关系的历史考察 [J]. 经济地理，2006（3）.

[116] [德] 杜能. 孤立国同农业和国民经济的关系 [M]. 北京：商务印书馆，1986.

［117］张文忠. 经济区位论. 北京：科学出版社，2000.

［118］伯尔蒂尔·俄林. 区际贸易与国际贸易 ［M］. 北京：商务印书馆，1986.

［119］景建军. 山东半岛城市群的功能联系与结构优化 ［J］. 经济地理，2006（3）.

［120］马传栋. 论全面提升山东半岛城市群的整体竞争力 ［J］. 东岳论丛，2003（2）.

［121］张燕文. 基于空间聚类的区域经济差异分析方法 ［J］. 经济地理，2006（4）.

［122］世界品牌实验室. 2016 年中国最具价值品牌 ［EB/OL］. http：//brand. icxo. com/htmlnews/2016/06/22/1454853. htm.

［123］Begg B. Moore & Y. Altunbas, Long-run Trends in the Competitiveness of British Cities, Urban Competitiveness: Policies for Dynamic Cities ［M］. Bristol: The Policy Press, 2002.

［124］W. F. Lever, The Knowledge Base and the Competitive City, Urban Competitiveness: Policies for Dynamic Cities ［M］. Bristol: The Policy Press, 2002.

［125］Stelios H. Zanakis, Irma Becerra-Fernandez. Competitiveness of Nations: A Knowledge Discovery Examination ［J］. European Journal of Operational Research. 2005（166）: 185 –211.

［126］Robin Hambleton, Jill Simone Gross. Governing Cities in a Global Era: Urban Innovation, Competition, and Democratic Reform ［M］. Palgrave MacMillan, New York and Houndsmills, Basingstok, Hampsire England, 2007.

［127］P. Cheshire, Explaining the Recent Performance of the European Community's Major Urban Regions ［J］. Urban Studies, 1990（6）: 311 –333.

［128］P. K. Kresl & B. Singh, The Competitiveness of Cities: the United States, Cities & the New Global Economy ［M］. Melbourne:

OECD and the Australian Government. 1995.

[129] P. K. Kresl & B. Singh, Competitiveness and the Urban Economy: Twenty Four Large US Metropolitan Areas [J]. Urban Studies 1999 (5/6): 1017 – 1028.

[130] P. K. Kresl & P. Proulx, Montreal's Place in the North A-merican Economy [J]. American Review of Canadian Studies 2000 (3): 283 – 314.

[131] C. Negrey & M. B. Zichke, Industrial Shifts and Uneven Development: Patterns of Growth and Decline in U. S. Metropolitan areas [J]. Urban Affairs Quarterly 1994 (30): 22 – 47.

[132] Markku Sotarauta & Reija Linnamaa, Urban Competitiveness and Management of Urban Policy Networks: Some Reflections from Tampere and Oulu [C]. Paper presented in Conference *Cities at the Millenium*. London. England, 1998.

[133] Michael Parkinson, Mary Hutchins, James Simmie, Greg Clark, Hans Verdonk, Competitive European Cities: Where do the Core Cities Stand? [R]. A report to the Office of the Deputy Prime Minister, England. 2004.

[134] Christian Ketels, Competitiveness in Rural Regions [M]. Economic Development America, 2004.

[135] Gutnov A. And Others, The Ideal Communist City [M]. New York: Geography Braxiller Inc. , 1968.

[136] WU F. and Yeh. A. G. O. , Changing Spatial Distributions and Determinants of Land Development in China's Transition to a Market Economy: The Case of Guangzhou [J]. Urban Studies, 1997 (34): 1851 – 1879.

[137] Roger Brown, How We Built a Strong Company in a Weak Industry? [J]. Harvard Business Review, 2001 (31): 51 – 57.

[138] Anita. A. Summers, Paul. C. Cheshire, Lanfranco Senn,

Urban Change in the United States and Western Europe [M]. Washington DC : Urban Institute Press, 1999.

[139] Donald Mcneill, Urban Change and the European Left: Tales From the New Barcelona [M]. London: Routledge, 1999.

[140] Joel Rast, Remaking Chicago: The Political Origins of Urban Industrial Change [M]. Dekalb: Northern Illinois University Press, 1999.

[141] Asato Saito, Andy Thornley, Shifts in Tokyo's World City Status and the Urban Planning Response [J]. Urban Studies, 2003 (4): 665 –685.

[142] Jonathan Potter, Barry Moore, UK Enterprise Zones and the Attraction of Inward Investment [J]. Urban Studies, 2000 (8): 1279 –1312.

[143] Luca Bertolini, Teio Spit, Cities on Rails: The Development of Railway Station Areas [M]. London: E & FE Spon, 1998.

[144] Steven Ehrlich, Joseph Gyourko, Changes in the Scale and Size Distribution of US Metropolitan Areas During the Twentieth Century [J]. Urban Studies 2000 (7): 1063 –1077.

[145] Kevin G. Ward, Front Rentiers to Rantiers: "Active Entrepreneurs" [J]. "Structural Speculators" and the Politics of Marketing the City, 2000 (7): 1093 –1107.

[146] Adrian X. Esparza, Andrew J. Krmenec, Large City Interaction in the US Urban System [J]. Urban Studies, 2000 (4): 691 –709.

[147] Ivan Turok, Nick Hopkins, Competition and Area Selection in Scotland's New Urban Policy [J]. Urban Studies, 1998 (11): 2021 –2061.

[148] Broadway M. J. , Differences In Inner-City Deprivation: an Analysis of Seven Canadian Cities [J]. The Canadian Geographer,

1992 (36): 189 – 196.

[149] Broadway M. J. , The Canadian Inner City 1971 – 1991: Regeneration and Decline [J]. Canadian Journal of Urban Research, 1995 (4): 1 – 19.

[150] Broadway M. J. , Snyder, S. D. , The Persistence of Urban Deprivation: The Example of Wichita, Kansas, in the 1970s, Growth And Change [J]. 1989 (2): 50 – 61.

[151] Ball R. , Pratt A. C. , Industrial Property: Policy and Economic Development [M]. London: Routledge, 1994.

[152] Cheshire P. C. , A new phase of urban development in western Europe? The evidence for the 1980s [J]. Urban Studies, 1995 (1): 1045 – 1063.

[153] Harvey J. , Urban Land Economics, 4th edn [M]. London: Macmillan, 1996.

[154] Logan J. R. , Molotch H. L. , Urban Fortunes: The Political Economy of Place [M]. Berkeley: University of California Press, 1987.

[155] Mills E. S. , Crisis and recovery in of markets [J]. Journal of Real Estate Finance and Economics, 1995 (10): 49 – 62.

[156] Molotch H. , The political economy of growth machines [J]. Journal of Urban Affairs, 1993 (15): 29 – 53.

[157] Perry M. , Small Factories and Economic Development. Aldershot: Gower, 1986.

[158] Rossi A. , Filippini P. , The Mobility of Establishments And Territorial Competition: The Case of the Zurich Metropolitan Area, In: P. C. Cheshire and I. R. Gordon, Territorial Competition in an Integrating Europe: Local Impact and Public Policy [J]. Aldershot: Gower, 1995 (9): 156 – 178.

[159] Samuels W. J. , The Present State of Institutional Econom-

ics [J]. Cambridge Journal of Economics, 1995 (19): 569 –590.

[160] Senn L. , The Role of Services in the Competitive Position of Milan, in: P. C. Cheshire and I. R. Gordon, Territorial Competition in an Integrating Europe: Local Impact and Public Policy [J]. Aldershot: Gower, 1995 (13): 120 –138.

[161] Smailes A. E. , The Urban Hierarchy of England and Wales [J]. Geography, 1941 (29): 41 –51.

[162] Proston R. E. , The Structure of Central Place System [J]. Economic Geography, 1971 (47): 136 –155.

[163] Fahui W. , Modeling A Central Place System With Interurban Transport Costs and Complex Rural Hinterland [J]. Regional Science and Urban Economics, 1999 (29): 318 –409.

[164] Michael Pacione, Urban Geography: A Global Perspective [M]. London: Routledge, 2001.

[165] J. R. Borchert, American Metropolitan Evolution [J]. Geographical Review, 1967 (57): 301 –322.

[166] James Borchert, Residential City Suburbs: The Emergence of a New Suburban Type, 1880 –1930 [J]. Journal of Urban History, 1996 (22: 3): 283 –307.

[167] N. Elin, Postmodern Urbanism [M]. Oxford: Blackwell, 1996.

[168] Michael A. Stegman, Recent US Urban Change and Policy Initiatives [M]. Urban Studies, 1995 (32: 10): 1601 –1607.

[169] Uiuiamson O. E. , Market and Hierarchies: Analysis and Antitrust Implications, A Study in the Economics of Internal Organization [M]. New York: Free Press, 1975.

[170] Poter M. , Cluster and the New Economies of Competition [M]. Harvard Business, 1998.

[171] Porter M. , Location, Competition and Economic Develop-

ment: Local Clusters in a Global Economy [J]. Economic Development Quarterly, 2000 (1491): 15 -35.

[172] Freeman C. , Networks of Innovators: A Synthesis of Research Issues [J]. Research Policy, 1991.

[173] Barney J. B. , Firm Resources And Sustained Competitive Advantage [J]. Journal of Management, 1991 (17): 99 -120.

[174] Foss N. J. , Higher-Order Industrial Capabilities And Competitive Advantage [J]. Journal of Industry Studies, 1996 (3): 1 -20.

[175] Porter Me, The Competitive Advantage of Nations [M]. London: Macmillan, 1990.

[176] Hotelling H. , Stability in Competitions [J]. Economic Journal, 1929 (3): 41 -57.

[177] David P. , Krugman's Economic Geography of Development: NEGs, POGs, and Naked Models In Space [J]. International Regional Science Review, 1999 (22: 2): 162 -172.

[178] Authur W. B. , Increasing Returns and the New World of Business [J]. Harvard Business Review, 1996 (3): 100 -109.

[179] Morgan K. , The Learning Region: Institutions, Innovations and Regional Renewal [J]. Regional Studies, 1997 (31: 5): 491 -503.

[180] Simon, Herbert A. , A Behavioral Model of Rational Choice [J]. Quarterly Journal of Economics, 1995 (69): 99 -118.

[181] Boschma R. A. , J. G. Lanbooy, Evolutionary Economics and Economic Geography [J]. Journal of Evolutionary Economics, 1999 (4): 411 -429.

[182] Berenner T. , Local Industrial Clusters, Existence, Emergence And Evolution [M]. London: Routledge, 2004.

[183] Wen M. , Relocation and Agglomeration of Chinese Industry

[J]. Journal of Development Economics, 2004 (73): 329 – 347.

[184] Ripley B. D., Modeling Spatial Patterns [J]. J. Royl. Scal. Soc., 1997 (39): 172 – 212.

[185] Bob Mckercher, Attributes of Popular Cultural Attractions in Hongkong [J]. Annals of Tourism Research, 2004. 31 (2): 393 – 407.

[186] Josephs Chen, Market Positioning Analysis, A Hybrid Approach [J]. Annals of Tourism Research, 2002 (4): 987 – 1003.

[187] Taaffe E. J., Gauthier H. I., Geography of Transportation [M]. Prentice Hall, 1973.

[188] Peter Hall, The Future of Cities, Computers [J]. Environment and Urban Systems, 1999 (23): 173 – 185.

[189] A. E. Douglas, Symbiotic Interactions [M]. Oxford University Press, 1994.

[190] Anholt S., The Anholt-GMI City Brands Index: How the World Sees the World's Cities [J]. Place Branding and Public Diplomacy, 2006 (1): 18 – 31.

[191] Florida R., Who's Your City? How the Creative Economy Is Making Where to Live the Most Important Decision of Your Life [M]. New York: Basic Books, 2008.

[192] García J. A., M. Gómez and A. Molina. A Destination Branding Model: An Empirical Analysis Based on Stakeholders [J]. Tourism Management, 2012 (3): 646 – 661.

[193] Gartner W. C., Brand Equity in a Tourism Destination [J]. Place Branding and Public Diplomacy, 2014 (2): 108 – 116.

[194] Hanna S. A. and J. Rowley., Rethinking Strategic Place Branding in the Digital Agein Kavaratzis, Rethinking Place Branding. Springer International Publishing, 2015: 85 – 100.

[195] Keller K. L., M. G. Parameswaran and I. Jacob. Strategic

Brand Management: Building, Measuring, and Managing Brand Equity [M]. Pearson Education India. 2011.

[196] Lucarelli A. , Unraveling the Complexity of "City Brand Equity": A Three-Dimensional Framework [J]. Journal of Place Management and Development, 2012 (3): 231 –252.

[197] Metaxas T. , Place Marketing, Place Branding and Foreign Direct Investments: Defining Their Relationship in the Frame of Local Economic Development Process [J]. Place Branding and Public Diplomacy, 2010 (3): 228 –243.

[198] Sevin E. , Places Going Viral: Twitter Usage Patterns in Destination Marketing and Place Branding [J]. Journal of Place Management and Development, 2013 (6): 227 –239.

[199] Wraas A. , T. Moldens. , Place, Organization, Democracy: Three Strategies for Municipal Branding [J]. Public Management Review, 2015 (9): 1282 –1304.

[200] Zavattaro S. M. , J. J. Daspit and F. G. Adams. Assessing Managerial Methods for Evaluating Place Brand Equity: A Qualitative Investigation [J]. Tourism Management, 2015 (47): 11 –21.

[201] Zenker S. , Who's Your Target? The Creative Class as a Target Group for Place Branding [J]. Journal of Place Management and Development, 2009 (2): 23 –32.

[202] Zenker S. and N. Martin. , Measuring Success in Place Marketing and Branding [J]. Place Branding and Public Diplomacy, 2017 (1): 32 –41.

[203] Zenker S. and S. C. Beckmann. , My Place Is Not Your Place-Different Place Brand Knowledge by Different Target Groups [J]. Journal of Place Management and Development, 2013 (6): 6 –17.

[204] Zenker S. , S. Petersen and A. Aholt. , The Citizen Satisfaction Index (CSI): Evidence for a Four Basic Factor Model. Cites

[J]. 2013 (31): 156 – 164.

[205] Anholt, Simon, The Anholt-GMI city brands index: How the world sees the worlds'cities [J]. Place Branding, 2006 (2): 18 – 31.

[206] Kavaratzis Mihalis & Ashworth, G. J. City branding: An effective assertion of identity or a transitory marketing trick? [J]. Journal of Economic & Social, 2005 (5): 507.

[207] D. J. Walmsleya & J. M. Jenkinsb. , Appraisive images of tourist areas: application of personal constructs [J]. The Australian Geographer, 1993 (2): 1 – 13.

[208] Jianfa Shen. , Urban competitiveness and Urban Governance in the Globalizing World [J]. Asian Geographer, 2004 (23): 19 – 36.

[209] Shuiying Jin. , Identification about Key Element of Urban Core Competitiveness Based on Structural Equation Model [J]. Business, Economics and Financial Sciences, and Management, 2012 (143): 21 – 28.